私募股权基金合规手册

把合规变成组织能力的路径——全流程与证据链实践（2025 版）

黄坚龙　　著

华侨出版社

Overseas Chinese Press

Title of Book: Private Equity Compliance Handbook: Pathways to Turning Compliance into an Organizational Capability - Full-Process and Evidence-Chain Practice (2025 Edition) | 私募股权基金合规手册：把合规变成组织能力的路径——全流程与证据链实践（2025 版）
Author: Huang Jianlong | 黄坚龙
ISBN: 979-8-89468-660-8
List Price: US $39.00
Copyright © 2025 by Huang Jianlong.
Publisher: Overseas Chinese Press Inc | Imprint: Overseas Chinese Press
Detailed Subjects: Economics; Publication Date: December 2025.

私募股权基金合规手册：把合规变成组织能力的路径——全流程与证据链实践（2025 版）

作　　者：黄坚龙
责任编辑：田绪清
封面设计：周子晴

出版发行：华侨出版社〔Overseas Chinese Press〕
地　　址：纽约州 奥尔巴尼市 州街 90 号
网　　址：https://www.oc-press.com
邮　　箱：oc-press@foxmail.com

规　　格：787×1092 毫米，16 开，9.5 印张
字　　数：80 千字
版　　次：2025 年 12 月第 1 版
印　　次：2025 年 12 月第 1 次印刷
书　　号：ISBN 979-8-89468-660-8
定　　价：US $39.00

内容提要

本书聚焦一个核心问题：在强监管背景下，私募股权基金管理人如何把"合规"从一次次材料报送、应付检查，升级为贯穿募投管退全流程的组织能力——做到可执行、可审计、可追溯、可迭代。作者以"以价值创造为导向的风险管理"为基本立场，将合规产出界定为"四可标准"，并提出"口径一致、留痕完整、版本可追、风险前移、边界清楚"五项硬约束，围绕披露文本、协会报送、托管/监督对账及投资者沟通，搭建起一套贯通全生命周期的合规运行框架。

在方法论上，本书提出一整套具有原创性的框架与工具：以"治理架构、制度流程、数据与证据链、系统与工具、人才与文化、风险与改进"六个构件，搭建合规的整体骨架；以"0 - 15 日盘点与止血、16 - 45 日标准化与对齐、46 - 90 日系统化与训练"的九十日提升路线，为管理人提供一条在较短周期内完成合规改造的实施路径；通过"一致性矩阵"打通披露、报送、托管/监督及税务等关键口径，以"单一真数源"解决口径不一致顽疾；并将"名册—指令—回单—对账—回执"的全链条证据链、"投前/重大交易/退出/清算"四大放行清单、估值"重估触发器"、统一编号与版本管理、生命周期作业清单、纠偏流程及合规指标看板整合为"施工图＋验收表"，帮助机构把制度变成流程，把流程沉淀为证据。

全书兼顾法源框架、组织工程与工具落地三个层次：第一编梳理《私募投资基金监督管理条例》及中基协自律规则的位阶和适用，明确管理人准入、持续性要求与托管/服务机构职责，为后文搭建合规"地基"；第二编以管理人合规与登记为"底座工程"，围绕组织形式与股东穿透、人员与场地硬约束、信息披露与档案保存、信息系统

I

与外包合规等，给出可操作的实践清单；第三编聚焦募集环节，从适当性管理、宣传边界、资金监管与托管、文件一致性与版本控制出发，以"统一编号＋一致性矩阵＋标准证据链"的组合，解决募集合规中最易出错的高频场景。第四编转向投资与运作，结合行业政策与合规负面清单，系统讨论股权/创投基金的通用规则、不动产私募基金以及国资出资、关联交易与利益冲突管理、投后治理等重点问题。第五编覆盖 IPO、并购、股权转让与回购、展期与清盘、分配与业绩报酬提取中的合规要点，确保与前述披露、报送、托管口径同源。附录则提供统一编号规则、全生命周期作业清单、模板包、披露—报送—对账一致性矩阵、纠偏流程与合规指标看板，便于读者直接照此搭建或校准内部体系。

与市面上多以法规条文汇编、政策解读为主的中文私募合规著作不同，本书刻意弱化"条文堆砌"，转而强调证据链构建、系统与组织能力建设以及跨部门协同。它从管理人治理层与一线团队的视角出发，紧扣"谁来做、什么时候做、按什么流程做、留下什么证据"，把监管规则转译为可操作的清单、模板和系统要求，将信息系统与外包管理视为合规运行的基础设施，并通过合规成熟度三阶段模型与指标看板，把合规纳入绩效与日常运营。可以说，本书是一套"把事做成、把事做对、把事说清"的合规操作系统，而不是一本"合规法规大全"。

本书主要面向私募基金管理人的董事长/CEO、投资决策机构成员、合规风控/法务/投后/运营及信息系统团队，也可供出资人（母基金等）、托管与监督机构、审计、评估、律师等专业服务机构及研究私募基金监管与机构治理的高校学者参考。对于计划在中国市场布局或与中国管理人开展合作的国际投资机构（包括跨境母基金、主权基金、养老金、家族办公室以及全球性私募股权/创投机构等），本书一方面有助于其系统理解中国私募基金监管逻辑与合规底线，掌握"看什么文件、问什么问题、如何评估证据链完整性"的尽职调查视角；另一方面也为其在新兴市场搭建本地化运营与合规体系、对接总部要求提供可直接移植或对比的工具与范式。全书系作者多年实践经验与制度建设成果的系统总结与方法论提炼，旨在帮助中国私募股权行业及其国际合作伙伴，在强监管与市场波动并存的环境下，以尽可能低的试错成本，完成从"基础型"到"前瞻型"的合规能力升级。

作者简介

黄坚龙，工商管理硕士，资深投资并购与私募股权基金管理专家。曾任中国 Top10 并购基金管理公司深圳市远致富海投资管理有限公司副总经理兼风险控制委员会秘书长，并在证券公司、全国性担保机构等担任监事长、监事等职务，拥有近三十年银行、投行、私募股权与企业风险管理实务经验。

在私募股权与并购领域，曾领导管理规模超过人民币 220 亿元的基金群，统筹募投管退全流程，主导并全面参与多项标志性并购项目，其主导操盘的深圳麦捷微电子科技股份有限公司并购案获评 2019 年"中国十佳并购案例"；其所在团队连续多年入选"中国最佳并购基金 TOP10""中国最佳私募股权投资机构 TOP50""中国影响力 PE 投资机构 TOP50"等行业权威评选。

在制度建设与方法论方面，曾带领团队构建了基于 COSO 企业风险管理框架、覆盖募投管退全流程的投资风险管理体系，并提出"以价值创造为导向的风险管理"理念；主持编写《股权投资尽职调查指引》《私募股权投资合规手册》等操作规范，为多家机构提供系统性、可操作的风控与合规依据，成为业内重要参考。本书系作者多年实践经验与制度建设成果的系统总结与方法论提炼。

序一

三十年股权投资生涯，我最深刻的体悟是：行业越是洗牌，越考验机构的"硬功夫"——合规能不能守住底线，绝不踩雷？尽调能否穿透表象，识别真价值、防范实风险、算出准价格、促成好交易？黄坚龙先生的两部新作《私募股权基金合规手册》与《并购/私募股权投资尽职调查指引》，恰恰为这几大"硬功夫"提供了可直接落地的操作方案。作为行业多轮起伏的亲历者与幸存者，我深知从实战中淬炼的方法论弥足珍贵，故而推荐给每一位同行。

先谈合规。如今监管规则要求粗中有细、红线清晰，但许多机构仍困于"制度挂墙、执行走样"：要么把合规当成法务部的"独角戏"，要么面对核查才发现档案缺失、口径混乱。作者在《合规手册》里，直接戳破这个痛点——他提出"合规不是应付检查"，而是提升"组织能力"，更给出了一套"四可"标准——可执行、可审计、可追溯、可迭代，以及一幅九十日落地路线图："0-15日盘点止血、16-45日标准化对齐、46-90日系统化训练"。

这套方法的妙处在于"拿来就用"：管理人登记时，用书中的"股权穿透核查清单"梳理股东关系，避免代持隐患；募集环节，对照"适当性管理证据链模板"留存客户评估记录，杜绝后续纠纷；投后管理，靠"合规指标看板"实时追踪项目合规状态。它把抽象的监管规则，拆解成"谁来做、何时做、留什么凭证"的具体动作，让合规从"部门职责"变成全员共识。对承压于强监管的机构而言，这绝非理论汇编，而是能快速补短板的"合规施工图"——对照书中的"一致性矩阵"，快速摸清自家募投管退的合规漏洞。

再看尽调。不少团队的尽调报告厚重如砖，却回避了核心问题："风险折合多少钱、该用什么条款锁定"，沦为材料堆砌的无用书屋。

《尽调指引》最核心的突破，就是用"P-T-R框架"（Price-价格、Terms-条款、Rectify-整改）终结了这种无效堆砌：发现客户集中风险，就用"收入折扣调估值+Earn-out条款绑续约+100天客户保全计划"闭环处置；查到库存减值，就通过"毛利率下修+完成账户机制+月度跌价模型"消化风险。

书中的"三阶段闸口"更是节奏把控的利器：第一闸口对齐投资逻辑，避免查偏方向；第二闸口抽样验证数据，快速锁定估值区间；第三闸口深挖细节疏漏，确保风控条款写进SPA协议。搭配"证据三角"（经营、合同、数据互证）和"One-Slide决策页"，投决层无需翻阅厚重报告，一页纸就能看清核心风险、估值逻辑和条款设计。我见过不少跨境项目，就是靠这套框架统一了人民币与美元基金的尽调语言，大幅提升了沟通效率。

这两本书最打动我的，是"实战基因"——不是书房里的推演，而是作者主导220亿基金管理、操盘十佳并购案例的经验沉淀。比如《合规手册》里"基金清算档案清单"，是踩过档案缺失坑后的总结；《尽调指引》中"锁箱机制泄漏防控条款（"Locked-Box Leakage"）"，是多起跨境交易的实战提炼。这种"吃过亏、解过题"的内容，远比空泛理论更有价值。

对不同读者，这两本书的价值格外明确：对管理人决策层，是搭建风险防控体系的"顶层设计图"；对投研与合规团队，是省时间、少踩雷的"作业工具包"——用P-T-R框架快速可以完成风险处置方案，用合规清单短期就能补齐档案短板；对国际资本与专业机构，则是理解中国市场的"翻译手册"，快速对接本土监管与交易逻辑。

行业在变，但"合规立身、专业致胜"的逻辑不变。黄坚龙先生的这两本书，与其说是著作，不如说是给行业的"基础设施"——它提供的不是一次性答案，而是可复用、可迭代的思维框架。期待更多机构把书中方法融入日常：合规岗位用它做流程升级，投资团队用它做尽调提效，最终让"用数据说话、用条款护航"成为行业常态。

希望每位读者都能从这俩部实战之书中获益，在股权投资的道路上走得更稳、更远。

厉伟

松禾资本 创始人

序二

二十多年前，我从高校讲台走进创投行业，从深创投到创立东方富海，一路见证了中国股权投资从"几个人懂"走到"人人谈股权、谈科创"。这些年我越来越清楚：一个机构能走多远，不只看募了多少资金、做了多少项目，更看有没有一套扎实、可复制的"方法论"和"操作系统"。

黄坚龙是我非常信任的一位老同事。他从商业银行、财务顾问、律所，到大型投资控股集团，长期在资本市场一线磨练；到深圳市远致富海投资管理有限公司之后，他在机构中的作用更加突出：作为副总经理兼风险控制委员会秘书长，他和团队管理着逾 220 亿元人民币的基金规模，主导操盘或全面参与了多起具有行业代表性的并购与股权投资项目，其中包括被评为 2019 年"中国十佳并购案例"的深圳麦捷微电子科技股份有限公司并购项目；同时，他统筹"募投管退"全流程，既在项目前线同业务团队一起盯估值、谈条款、设计结构，又牵头规划并推进股权投资风险管理体系建设，把分散在各条线的制度、流程和工具整合起来，搭成一套可执行、可落地、可复制的整体框架，在远致富海内部形成了实实在在的组织能力。这种既能操盘项目、又能塑造机构底层"操作系统"的能力，在行业内并不多见。

今天摆在各位读者面前的这两本书，就是他在远致富海及此前平台多年实践与制度建设的系统总结和方法论提炼。

第一本《私募股权基金合规手册：把合规变成组织能力的路径——全流程与证据链实践（2025 版）》，着力解决的，是如何把抽象的监管要求，转化为管理人内部可运行的"合规操作系统"。全书紧扣"募投管退"主线，把治理架构、制度流程、证据链与信息系统贯通起来，通过统一口径、完整留痕和版本追溯，支撑日常运作，并设计了"九十日提升路线"等路径，帮助中小型管理人用有限的人手和时间，分阶段搭起基本的合规框架，让合规从报材料的被动要求，变成机构可持续发展的基础设施。

第二本《并购/私募股权投资尽职调查指引——从投资假设到交割：估值与条款验证框架》，则把他主导操盘并购项目的实战经验，浓缩为一套围绕"价格与条款"的尽调方法。全书从投资假设出发，把尽调发现直接对应到估值调整、条款设计和交割后整改，强调在有限的尽调时间里抓住真正影响交易成败的关键点，并通过"证据三角""Bridge 快照""一页式决策页"等工具，把模型、报告、条款和投后行动连成一体，让尽调不再停留在厚厚的报告，而是直接服务投资决策和谈判。

在我看来，这两本书的意义，不在于书架上又多了两本讲 PE 的书，而在于把原本散落在项目一线、制度文件和团队口耳相传中的经验，提炼成可以在行业内共享、对标和迭代的方法论：对管理人的董事长、CEO 和合伙人，它们提供了把合规和尽调视为"组织能力"和"生产工具"的视角；对合规风控、法务、投后、运营和信息系统团队，它们给出了一套可落地的思路与工具；对 LP 及各类中介服务机构，则是一面便于与管理人用同一种语言沟通的"镜子"。

东方富海从三个人的小团队起步，到今天管理数十支基金、服务几百家科技创新企业，我始终相信尊重信息、尊重程序、尊重投资者，是创投行业最重要的底层价值观。而坚龙多年来搭建风险管理体系、操盘复杂并购项目并写就这两本书，正是沿着这一价值观在努力，让中国股权投资行业走得更稳、更远，也更值得信任。

在此，我乐意把这两本书郑重推荐给所有关心中国私募股权投资、并购与合规实践的读者。

陈玮

深圳市东方富海投资管理股份有限公司 董事长

深圳市创业投资同业公会 会长

序三

从金融学的视角看，现代金融体系要回答的核心问题始终没有变化：如何在不确定性之中，形成可解释、可验证、可复制的风险—收益结构。

在公开市场，这套结构体现在定价模型、信息披露与市场微观结构之中；在私募股权与并购投资领域，它则更多地体现在合规架构、治理安排、尽职调查和交易条款的组合方式上。

带着这样的思考，我阅读了黄坚龙的两部著作——《私募股权基金合规手册：把合规变成组织能力的路径（2025 版）》（下称"合规手册"）与《并购/股权投资尽职调查指引——从投资假设到交割：估值与条款验证框架》（下称"尽调指引"）。

从一名长期从事金融学研究的学者角度看，这两本书有三个特点值得特别指出。

第一，它们把"合规"与"尽调"纳入了一个清晰的分析框架，而不是零散的经验。

在《合规手册》中，作者提出"可执行、可审计、可追溯、可迭代"四个标准，将管理人治理、流程设计、数据与证据链、系统工具等要素整合起来，构建出一套可以评估、可以优化的合规结构。这种做法，实际上是将传统上被视为"成本中心"的合规活动，转化为可以分析和比较的组织能力变量，这在国内私募股权实务著作中并不多见。

在《尽调指引》中，他用 P-T-R（Price-Terms-Rectify）框架，将尽调的任务从"发现多少问题"转变为"如何处置不确定性"：每一项具有重要性的发现，都必须被清晰地安放在三种去向之一——要么进入估值假设与价格结构（Price），要么通过具体条款加以反映

（Terms），要么落实为可执行的整改安排（Rectify）。在此基础上，通过对"重要性 × 工作范围"的控制，以及对经营事实、合同事实和数据事实的"证据三角"与单一真数源的管理，原本分散的海量信息被压缩为少数几个可以支撑决策的关键节点。这样的处理，使尽调不再仅仅是信息收集和罗列，而更接近金融学意义上"在有限信息约束下进行最优决策"的过程。

第二，它们为研究和观察中国私募股权与并购实践，提供了一套可操作的"中观层面"工具。

传统的学术研究往往在宏观制度与微观个案之间摇摆：宏观层面强调法律制度、监管框架和市场结构，微观层面则关注单个项目或个别机构的案例。这两本书试图在两者之间搭建一个中观层次——以合规体系、证据链设计、尽调—估值—条款联动等为分析单元，展示一个机构如何在既有制度约束下，通过内部机制设计来管理信息与风险。

对于希望理解中国私募股权与并购市场"运作逻辑"的研究者和观察者而言，这种中观视角尤为重要：它既不同于抽象的制度描述，也超越了个案故事，提供了可以比较、可以推广的方法论框架。

第三，它们有意识地在中国实践与国际标准之间搭建"可解释"的桥梁。

在《合规手册》中，以中国监管要求和本土实践为基础，把管理人治理、内部机制与证据链组织成一套结构清晰、逻辑自洽的合规框架，使境外投资者和合作方更容易"看懂"一家中国机构的内在运作方式；另一方面，在《尽调指引》中，通过系统展示尽调发现如何进入估值假设、条款安排与整改路径，为不同法域、不同市场惯例下的各方提供了一种可以共享的工作语言。从这个意义上说，这两本书不仅在整理中国实践，也在为中国与国际资本之间搭建一座可沟通、可解释的方法论桥梁，便于国际投资者、合作者和研究者理解中国市场中的风险认知和交易逻辑。

谨此推荐。

邓军

对外经济贸易大学中国金融学院

教授、博士生导师、副院长

序四

我从业二十余年，经办各类资本市场投融资项目林林总总千余件，大部分工作时间都在以下两类场景中度过：重大并购重组、IPO、股权投资及合规项目的尽调路上和谈判桌前，各类资本市场争议解决的庭审辩论现场。无论是办理"宝万之争"、深圳地铁收购万科这类广受关注的控制权博弈项目，还是代理西安天隆诉科华股份 125 亿元公司并购纠纷这一当时最大标的仲裁案件，我的一个心得体会是：任何一笔交易，最终都会回到两个核心问题——风险如何被识别、定价与分配；权利义务如何被清晰、可执行地固化在条款里。因此，当我看到黄坚龙这两本书稿——《私募股权基金合规手册：把合规变成组织能力的路径——全流程与证据链实践（2025 版）》与《并购/私募股权投资尽职调查指引：从投资假设到交割——估值与条款验证框架》时，我很自然地会从一个专业并购律师的视角去思考：这些方法是否经得起复杂交易结构和极端情形的检验？是否有助于我们在董事会、投资决策委员会和监管机构面前，把"风险—价格—条款"的逻辑讲清楚？

黄坚龙既不是传统意义上的"纯律师"，也不是只从财务模型出发的"纯投资人"。他长期在大型投资控股集团和市场化私募股权基金担任核心管理者，统筹募投管退全流程的管理，同时亲自带队做法律和财务尽职调查，并在此基础上沉淀出一整套可复制的制度与工具。可以说，他做的是一种"前置的争议管理"——在交易达成之前、在纠纷发生之前，通过结构设计、条款安排和证据链管理，把未来绝大部分可以预见的风险，尽量消化在今天的合规和尽调工作中。

在《私募股权基金合规手册》中，黄坚龙将合规的输出界定为"四个可"：可执行、可审计、可追溯、可迭代，并围绕这"四个可"，设计了统一口径、一致性矩阵和证据链的整体思路。与其说这是一本"合规法规汇编"，不如说是一套把合规变成组织能力的操作框架：先在管理人层面搭建股权结构、治理架构、信息报送、档案管理、系统与外包等基础，再沿着基金全生命周期，从募集、投资、投后到退出与清算，拆解出一张张具体的作业清单、模板和放行标准，辅以指标看板和纠偏机制，使合规真正从"应付检查"变成渗透在组织日常行为中的工作习惯和团队共识。

在我参与和见证的许多项目中，不少争议都可以追溯到两个源头：一是前端信息披露和合规留痕不足，为事后责任认定留下灰色地带；二是内部决策流程和权限边界不清，使得关键节点缺乏"可审计的证据"。从这个角度看，这本《合规手册》并不仅仅是管理人合规部门的工具书，也为外部律师、会计师、评级机构和监管部门，提供了一套可以与机构内部"对表"的结构化语境，有助于各方在同一套坐标系下讨论风险与责任。

与之相呼应，《并购/私募股权投资尽职调查指引》则把尽调重新定义为"估值与条款的验证工程"。黄坚龙提出的 P-T-R 框架（Price-Terms-Rectify），本质上是一个并购律师和财务顾问都非常关心、但在实践中常常被忽略的问题摆到台前：每一条尽调发现，最终要么影响价格区间，要么落实为具体条款，要么形成明确可跟踪的整改安排，否则就没有真正完成"闭环"。书中通过"重要性与工作范围（Materiality & SoW）"机制，把尽调资源集中在最有可能改变估值和条款的议题上，用"证据三角"（经营事实、合同事实、数据事实）来校验关键结论，并通过 Bridge 快照和 SSoT 台账把分散在各个工作流的发现进行结构化汇总，使投资决策、谈判策略与投后100 天的行动计划能够在一条逻辑链上贯通起来。

作为长期服务于境内外上市、并购重组、公司债券发行以及各类复杂交易的律师，我特别关注一点：这套框架能否经受住监管问询和争议解决的双重压力。近年来，无论是证监会、交易所对于重大资产重组、再融资的监管问询，还是仲裁与诉讼中对信息披露、尽职调查、董事职责的审查，都在不断提高对于"决策依据"和"证据链完整性"的要求。黄坚龙在书中对"一致性矩阵""可追溯的版本管理""以价值创造为导向的风险管理"等设计，正是回应这种环境变化的尝试。它的意义在于：当市场环境下行、项目表现不及预期，甚至发生争议时，机构能够有一套自洽、可证明的叙事——说明当时的定价与条款是基于怎样的事实基础和审慎判断作出的。

我尤其欣赏这两本书的一个共同特点：它们不局限于某一个专业角色的视角，而是有意识地把投资人、律师、会计师、监管者与被投企业之间的"话语鸿沟"拉到一张图上来处理。在真实的项目中，我们常常看到：投资条款清单、法律意见书、财务模型、业务尽调报告彼此割裂，甚至互相"说不通"。黄坚龙 提出的这些框架，试图把这些看似分散的文件和工作流，统一到"风险如何被识别、定价和分担"这条主线之上。对于需要在复杂交易中协同作战的团队来说，这样一种跨专业的工作语境非常重要。

从职业背景上看，我与黄坚龙 的路径有相似之处：我们都有法律背景，又在金融、投融资领域长期工作，一直在尝试把法律思维与商业判断结合起来。不同的是，他更多站在管理人和投资机构的内部视角，关注如何在组织内部搭建制度与流程；而我长期从外部律师的角度出发，关注如何在监管要求与交易双方博弈之间找到平衡点。正因为此，当我读到他在书中对合规与尽调的系统梳理时，会感到一种"互相印证"的亲切：很多在并购交易中我们习以为常、却难以抽象成方法论的做法，在这里被整理成了可以被其他机构借鉴的工具和范式。

我相信，这两本书对于以下几类读者，都会有实际帮助：

- **私募股权基金和产业投资平台的管理层与合规负责人**——可以从中找到一套将监管要求、出资人期望与内部治理结合起来的合规与风险管理框架；
- **并购、股权投资项目的一线投资经理、法务和财务团队**——可以借助书中提供的表单、清单与证据链设计，把日常工作升级为统一、可复盘的操作体系，避免重要问题在流程中"掉线"；
- **参与交易的外部专业机构与监管部门**——可以借此更好理解管理人内部的合规与尽调机制，从而在沟通和协作中拥有一套共同参照系；
- **正在成长中的青年律师和研究者**——可以在大量具体的实务经验基础上，看到合规与尽调如何与估值、条款和争议解决实务相连接，从而更全面地理解交易法务的价值。

并购与资本市场业务，是对法律技术、商业判断和职业操守要求都极高的领域。我们每一位参与者，都只是这个市场长远发展进程中的一小部分。黄坚龙用这两本书，把他在机构内部多年摸索出的体系整理出来，我愿意把它视作行业"基础设施建设"的一块拼图——它不会解决所有问题，但会让更多团队少走一些弯路，在面对监管、市场波动和复杂交易结构时，多几分从容和底气。

谨以此序，推荐给所有在一线奋斗的投资人、律师、合规与风险管理同仁。

苏启云

北京市德恒（深圳）律师事务所 高级合伙人

序五

从事律师工作三十余年，我长期专注跨境及境内并购重组、重大投资项目和涉外争议解决。无论交易结构多么复杂，归根结底都离不开两件事：信息能否被充分、真实地识别和呈现，风险能否被恰当地反映在价格、条款和后续安排之中。

我与黄坚龙的深入合作始于"香港汇进"收购项目。我作为买方法律顾问，他是交易结构设计和整体决策的核心人物之一。项目中既要对接内地的监管要求、资金流动安排和投资决策流程，又要理解香港本地监管框架下的牌照制度、信息披露规则和股东权利保护机制。在合作的过程中，我注意到，他对"合规"和"尽职调查"的要求，并不满足于完成程序，而是始终追问：这些结论是否真正进入价格和条款，将来在监管问询或争议解决中能否经得起检验。

《私募股权基金合规手册：把合规变成组织能力的路径——全流程与证据链实践（2025版）》聚焦管理人的"内功建设"。黄坚龙以"四个可"（可执行、可审计、可追溯、可迭代）为目标，从股权与治理结构、信息与档案管理、统一口径与一致性矩阵、证据链与版本管理等方面，搭建起一套可落地、可检查的合规工作底盘。对在强监管环境下运作的私募股权和产业投资平台来说，这本书提供的，不仅是合规清单，更是一套让合规真正融入日常决策的运作方案。

与之相配套的《并购/私募股权投资尽职调查指引：从投资假设到交割——估值与条款验证框架》，则把尽调重新界定为"验证估值与条款的过程"。通过 P－T－R 框架（Price－Terms－Rectify）、"重要性与工作范围"（Materiality & SoW）、"证据三角"（经营事实、合同事实、数据事实）、Bridge 快照和 SSoT 台账等工具，黄坚龙强调每一条重要发现都应落实到价格区间调整、交易文件条款或可跟踪的整改安排上，避免"报告很厚，但与估值和合同脱节"的情况。这种设计，对于律师、财务顾问以及监管机构而言，都是非常有实践价值的工作方法。

在我看来，一个能够长期参与复杂跨境并购和重大项目的管理人，必须既有对风险的敬畏，也能把这种敬畏落实为清晰的流程和文档体系。黄坚龙在这两本书中所做的，正是尝试把他在机构内部多年积累的合规与尽调经验，提炼为可以被其他团队学习和采用的结构化工具。

谨以此序，推荐给所有致力于在不确定环境中，以专业和制度为基础推进交易的投资人与法律人。

葛向阳

天达共和律师事务所　合伙人

前　言

这本书写给在一线"把事做成、把事做对、把事说清"的管理人。注册制常态化、北交所功能完善、募资与退出分化、估值回归理性，行业叙事已从"规模与速度"转向"治理与透明"。在这样的语境下，合规不再是一次次材料提交，而是一种组织能力：在复杂情境下，稳定产出**可执行、可审计、可追溯**的结果，并且能持续迭代。

本书以**价值创造为导向的风险管理**为核心取向，在投资者保护与监管要求的边界内，把合规建设为**可执行、可审计、可追溯**的组织能力。为此，我们明确**五项硬约束**：

- **口径一致**：披露文本、协会报送与托管（或监督）对账**同源一致**；如需更正，走统一路径并**全渠道同步**。

- **留痕完整**：任何披露与支付，都能沿着**名册—指令—回单—对账—回执**形成**全链条留痕**，一查就有、一路可追。

- **版本可追**：制度、模型、参数与文本**统一编号与版本管理**，紧急变更事后补齐评审与回滚记录。

- **风险前移**：在投前、重大交易、退出、清算等关键节点设置**放行清单，未达要件不放行**。

- **边界清楚**：不承诺固定回报，不以估值平滑业绩，不以协议替代法定扣缴，不把核心职能外包。

据此，本书作三点取舍：

其一，**多讲"怎么做"，少讲"是什么"**：减少条文堆叠，突出岗位动作、流程要点与留痕要求；

其二，**贯通"一致性"**：把估值与减值口径、披露—报送—对账的勾稽矩阵打通，形成"一事一表"的对齐方法；

其三，将信息系统与外包管理视为支撑合规运行的基础设施：用

权限、日志、接口白名单、变更与回滚固化流程，让执行从'提醒'升级为'机制'。

结构安排遵循"从底座到场景，从流程到证据"。**第一编总论与法源**，厘清位阶与适用；**第二编管理人合规与登记**，把组织、人员与场地、信息系统与外包、信息披露与档案保存搭成底座；**第三编基金募集**，聚焦适当性、宣传禁区、资金监管与托管、文件一致性与版本控制；**第四编投资与运作**，在通用规则之上呈现行业负面清单、不动产基金、国资出资与关联交易、投后治理等场景化要点；**第五编退出、清算与分配**，覆盖路径选择、展期与清盘、分配与业绩报酬提取，确保与披露、报送、托管同源；**附录**提供统一编号规则、全生命周期作业清单、模板包与合规指标看板，作为"施工图＋验收表"。**建议用法**：横向以"生命周期作业清单"逐项勾选，纵向按专题检索并套用模板；每完成一次披露、报送或支付，即在"一致性矩阵"与"指标看板"同步留痕，让制度落地成流程，流程沉淀为证据，证据反哺改进。

如何把"理念"变成"肌肉"？答案放在本书的**导论**：给出六个构件（治理架构、制度流程、数据与证据链、系统与工具、人才与文化、风险与改进）、一套九十日提升路线、以及可量化的看板指标。你可以把导论当成"部署蓝图"，把各编当成"工序说明"，把附录当成"工具箱"。

本书面向管理人治理层与一线执行团队（董事长/CEO、投资决策机构成员、合规风控/法务/投后/运营与信息系统、托管接口）；亦适合出资人（母基金等）合规/法务、托管/监督机构、审计/评估/律师等专业人士与高校学者参考。对于计划在中国市场布局或与中国管理人开展合作的国际投资机构（包括跨境母基金、主权基金、养老金、家族办公室以及全球性私募股权/创投机构等），本书一方面有助于其系统理解中国私募基金监管逻辑与合规底线，掌握"看什么文件、问什么问题、如何评估证据链完整性"的尽职调查视角；另一方面也为其在新兴市场搭建本地化运营与合规体系、对接总部要求提供可直接移植或对比的工具与范式。全书系作者多年实践经验与制度建设成果的系统总结与方法论提炼，旨在帮助中国私募股权行业及其国际合作伙伴，在强监管与市场波动并存的环境下，以尽可能低的试错成本，完成从"基础型"到"前瞻型"的合规能力升级。

市场需要创新，也需要秩序。我们相信：**尊重信息、尊重程序、尊重投资者**，终会转化为更低的交易摩擦与更高的信任溢价。愿这本书，帮助你把合规变成能力，把能力变成信誉，在长期主义的约束下稳步前行。

2020 年我曾带领我的团队编写私募股权基金合规实务操作文件，推动公司和行业的标准化、规范化运作；该操作文件被业内多家机构参考引用， 对推动行业发展起到重要作用，也是本书写作的参考和灵感之一。在此，对当年与我一同摸索、打磨这一操作文件的同事与合作伙伴，致以诚挚的感谢。

黄坚龙

2025/09/20

目录

导论　把合规变成管理人的组织能力

这篇导论只回答一个问题：**怎样把合规，变成管理人的一种组织能力**。我们把合规的产出标准定义为四个词：**可执行、可审计、可追溯、可迭代**。前两个确保"做得到、说得清"，后两个确保"追得回、改得动"。

先给出三步法——也是全书的总线路：

- **第一步：设门槛。**　把每个关键动作拆成四问：谁做、何时做、按何流程、留下什么证据；在投前、重大交易、退出、清算四个节点设"放行清单"，未达要件不放行。

- **第二步：建证据。**　以"单一真数源"为底，使用**一致性矩阵**对齐披露、协会报送与托管/监督对账；把**名册—指令—回单—对账—回执**做成标准证据链。

- **第三步：固到系统与人。**　权限最小化、日志与版本管理、回滚预案、差错更正与例会机制；把关键合规指标写进绩效与培训。

一、搭起框架：人、权责与会议

合规先是"组织工程"。把"管理人—基金—被投企业—托管/监督—外部机构"的责权划清：谁能一锤定音、谁对口径负责、谁对证据负责。每家机构都需要一个跨部门的**合规委员会**和两类固定会议：一类是**放行会**（看要件是否达标），一类是**对齐会**（看披露、报送与对账是否一致）。很多差错并非不懂规则，而是临界决策无人兜底、信息在部门间断裂——这套框架就是把问题前移。

二、把制度变成流程，把流程变成证据

制度只有落到流程与凭证，才算"会用"。本书建议从三件事开工：

1

- **一致性矩阵**：把披露文本、协会报送、托管/监督对账（〔如有〕税务凭证）放到同一张表中，一事一表、数字同源。
- **标准证据链**：所有支付与分配，都能在**名册—指令—回单—对账—回执**里闭环；所有披露，都能指向**底层凭证**与系统回执。
- **统一编号与版本**：制度、模型、参数与文本都有编号与版本；紧急变更事后补齐评审与回滚记录。

三、用系统把习惯固化

系统的价值，是让好习惯不靠提醒而是"被强制"。至少落实四项：**权限最小化**（实名、专人专用、特权可追溯）、**日志留痕**（集中、可检索、不可篡改）、**变更与回滚**（评审—测试—上线—回滚留痕）、**安全接口**（白名单与加密）。信息系统与外包属于管理人"底座能力"，不该在业务章节里零散出现。

四、跑起来：九十日行动

最省钱也最见效的路径是分三段推进。

- **第 0 - 15 日：盘点与止血。** 列出三张表：披露与报送清单（含回执号）、版本与口径差异表、高风险事项台账；同步发布放行清单与责任人。
- **第 16 - 45 日：标准化与对齐。** 发布四条铁规：口径一致、证据链必备、版本可追溯、重大事项从严披露；上线统一模板与编号，启用一致性矩阵；为估值与减值设置"重估触发器"。
- **第 46 - 90 日：系统化与训练。** 在系统中落地权限矩阵、日志审计、变更与回滚、接口白名单与加密、灾备演练；每月召开对齐会与差错复盘会；对投后、退出、清算、分配开展情景化演练与抽样审计。

五、日常运行：让问题不过夜

治理闭环很简单：看板让偏差可见，更正机制让口径迅速回到同一条线上，重大事项机制让意外变成预案。外包也纳入闭环：尽调评分、协议安全条款、服务台账、年度评估与退出交接一条链。

六、用数据说话：衡量与激励

指标不是为了追责，而是告诉团队"做到什么才算好"。

- **领先类**：披露与报送准时率、差错发现至更正周期、估值触发响应时效、权限变更合规率、灾备演练完成率。

- **结果类**：审计与抽查问题数、投资者投诉率、对账不一致事件数、非计划性信息更正次数。

把这些指标写进绩效；对识别重大风险与完成制度优化给到正向激励；对重复性差错实行扣分与问责。

七、把风险前移：五条最低防线

- 不承诺固定回报，不搞刚性兑付。

- 不以估值手段平滑业绩，有"重估触发器"，第三方评估与托管复核到位。

- 关联交易做到披露—回避—公允性证明"三件套"。

- 不以通道或被投企业资金变相融资，资金来源与支付路径可追溯。

- 信息不一致时，先冻结旧版、统一更正、全渠道同步。

八、协同与同源：把外部意见嵌进证据链

托管/监督、审计、评估、律师不是"旁观者"。把他们的意见、回执与底稿直接纳入证据链，并在一致性矩阵中留有位置；披露、报送、公告与工商（公示）保持同源与同步，沟通成本会显著下降。

九、成熟度与跃迁：三阶足够用

- **基础型**：靠人救火、口径分裂、证据零散。先做编号、证据链与一致性矩阵。

- **标准型**：流程固化、证据成型、能通过检查。引入放行清单与重估触发器。

- **前瞻型**：单一真数源驱动披露与报送、差错快速更正，合规成为募资与品牌优势。继续用指标驱动改进。

自评两问：我们能否在 **48 小时**内完整重现一次披露或分配的全链条？能否解释每个关键数字的**来源与版本差异**？

十、如何使用本书

把**生命周期作业清单**当施工图，把**一致性矩阵**当验收表；先横向"勾清单"，再纵向"找模板"，最后在系统里"固流程"。章末"自查要点"就是放行门槛，未达标就不放行。

导论附表 A｜一页式落地指挥表（部署顺序）

与附录 B《生命周期作业清单》、附录 D《一致性矩阵》、附录 F《合规指标看板》联动使用。

落地动作	在附录的位置	牵头/协同	初始里程碑
统一编号与版本管理	A. 统一编号与归档规则	合规/档案	全部制度与表单加编号与版本，页脚体现
设"放行清单"（投前/重大交易/退出/清算）	B1－B11 各阶段清单＋各章自查要点	合规委员会/投决会	四个节点启用"未达要件不放行"
建"一致性矩阵"（披露─报送─托管/监督〔如有含税务凭证〕）	D. 勾稽总表	合规＋财务＋托管接口	每次披露/报送/支付后当日更新
固化"证据链"（名册─指令─回单─对账─回执）	B3/B5/B11＋模板 C5/C6/C8	运营＋财务	三类支付/分配全部成链留痕
重大事项披露与更正机制	模板 C3/C4＋各章更正规则	合规负责人	冻结旧版→更正说明→全渠道同步
信息系统与外包合规（权限、日志、接口白名单）	B8＋C10/C11	信息技术＋合规	权限矩阵与日志上线，外包台账建成
估值与减值"重估触发器"	第二编第 5 章＋B7	投资/投后＋托管	触发条件、第三方评估与复核闭环生效
指标与复盘（看板）	F. 合规指标看板＋E. 纠偏流程	合规＋业务负责人	月度对齐会、差错复盘会固定化
外部协同纳入证据	C4＋D	合规＋托管/审计/评估/律师	回执号与外部意见直接入档、入矩阵

使用提示：为每项指定责任人与目标日期；所有动作须绑定**编号凭证**；一周内优先上线前三项（编号/矩阵/放行）。

结语

合规不是成本中心，而是**信誉与效率的复利**。当一个团队能够稳定地"做得到、看得见、查得到"，市场自然会用更低的摩擦与更高的信任回报这份长期的自律。

第一编 总论与法源

第1章 《私募投资基金监督管理条例》 框架与要点

1. 法源地位与适用范围

法源层级。《私募投资基金监督管理条例》（下称"《条例》"）系国务院行政法规，自 2023 年 9 月 1 日起施行，与《证券投资基金法》《公司法》《合伙企业法》《信托法》等共同构成私募基金的上位法框架。

适用对象。在境内以非公开方式募集资金设立投资基金，或以进行投资活动为目的依法设立**公司、合伙企业，**由**私募基金管理人或普通合伙人**管理、为投资者利益进行投资活动的，适用《条例》。

衔接与例外。对运用一定比例政府资金发起设立或参股的基金、证券期货经营机构私募资管计划等，按相关专门规定或主管部门规则执行；外商投资、境外募集等另按专门规定办理（详见第 8 节"跨境条款"）。

实践提示：编制任何合规制度或募集文件时，应明确"适用法规清单"与"不适用但需参照"的规范目录，避免交叉口径冲突。

2. 监管架构与职责分工

- **国务院证券监督管理机构（证监会）：**对私募基金业务实施监督管理，可依法采取检查、约谈、行政监管措施等；对不同类型私募基金实施**分类监管与差异化监管。**

- **登记备案机构（中基协）：**受托办理**管理人登记、基金备案、信息报送与公示，**并对重要事项变更实施管理；对不符合条件的情形，按程序办理**注销登记**并公示。

- **派出机构：**依授权履行属地监管检查等职责。

3. 管理人：准入、持续要求与禁止行为

3.1 准入与登记要点

- 管理人主体形态为**公司或合伙企业**；合伙制基金由普通合伙人（GP）管理的，GP 适用管理人口径。

- 登记材料强调受益所有人（最终受益人）信息、股东/实控人穿透、信用承诺等。

- 下列情形将被**注销登记**（举例）：自登记之日起 **12 个月内未备案**首只基金；管理的全部基金清算后 **12 个月**内未备案新基金；因**非法集资/非法经营**等重大违法行为被追责等。

3.2 持续性要求

- 维持与业务类型和管理资产规模（以期末净资产口径统计：各基金期末净资产之和，不含未实缴认缴承诺）相适应的**运营资金**与**风控体系**；

- 关键人员（法定代表人/执行事务合伙人/负责投资管理的高管）按规定**持股或财产份额**；

- 依法**分别管理、分别记账**不同基金财产，严格**利益冲突管理**与**关联交易审慎程序**。

3.3 股东/合伙人的禁止性行为（节选）

- **虚假出资、抽逃出资、委托/受托代持**；

- **越权干预**管理人业务、要求利用基金财产为其牟利；

- 其他损害投资者利益或违反监管规定的行为。

实践清单（登记与持续合规）

1) **穿透图谱**：股权结构到自然人/实际控制人，含一致行动与表决权安排；

2) **三账分离**：管理人固有、各基金财产、受托管理资产分别记账；

3) **运营资金证明与人员持股合规**；

4）重大事项变更（实控权/关键高管/普通合伙人等）报送路径与时限表；

5）注销触发器预警：12 个月未备案、全清后 12 个月未新设等纳入内控 KPI。

4. 托管人与服务机构

4.1 托管原则

- 原则上私募基金财产应由**托管人**托管；确需**非托管**的，应在基金合同中载明**保障基金财产安全的制度措施**与**纠纷解决机制**。

4.2 服务机构

- 销售机构、律师、会计师、评估/验资等**服务机构**负有**恪尽职守、勤勉尽责**义务；违反义务的，将面临**监管措施与罚则**，情节严重者可被责令**停止私募服务业务**。

5. 募集与运作的底线规则

5.1 募集合规

- 私募基金以**非公开方式**向合格投资者募集；

- 募集完毕应**及时备案**；不得承诺保本保收益，不得开展违法违规宣传与变相公开发行。

5.2 运作规范

- 基金财产**独立性**与**风险自担**原则；

- 建立**投资决策机制**、**估值与流动性管理**、**信息披露**与**档案保存**制度；

- 利益冲突防控：关联交易、同业竞争、对外担保、通道嵌套等设**事前审批**与**信息同步披露**。

合规红线卡片：承诺保本、滚动"明股实债"掩盖真实风险、未备案即对外募集、挪用基金财产、资金池/多层嵌套掩盖杠杆来源——均属高风险/高惩戒情形。

6. **创业投资基金（VC）特别规定（专章要点）**

- 国家**鼓励和支持**创投基金服务科技创新与"专精特新"；

- 对创投基金实施**差异化监管与自律管理**，明确创投基金应当符合的**设立与运作条件**；

- 与之配套的税收政策、退出机制（锁定/减持差异安排）在本书后续章节分别展开。

实践提示：新设创投基金时，同步在公司/合伙章程与基金合同中固化"创投专属条款"（投资范围、期限与比例约束、投早投小激励、投后赋能机制等），以便将来对接监管核查与税收口径。

7. **监督检查与法律责任**

7.1 **监管措施**

- 证监会及派出机构可依法开展**检查、约谈、责令改正**、采取**行政监管**及**市场禁入**等措施；

- 登记备案机构对违反自律规则的，可**通报批评**，并将**严重情形上报**监管部门处理。

7.2 **处罚与责任承担（摘要）**

- 对管理人/托管人/服务机构及其责任人员，依情节处以**警告、通报批评、没收违法所得、罚款**，直至**暂停/终止业务、市场禁入**；

- **民事赔偿优先**：财产不足以支付时，先承担民事赔偿责任，再缴纳罚款或没收违法所得。

8. **跨境条款与外资管理人**

- **外商投资私募基金管理人**的管理办法由证监会会同有关部门依据外商投资法律、行政法规与《条例》制定；

- **境外机构不得直接向境内投资者募集**设立私募基金，国家另有规定的除外；

- 管理人在**境外开展私募业务**应符合国家有关规定（包括外汇、

数据跨境、境外展业合规等），具体操作与备案对接见本书跨境专题
与附录清单。

第2章 中基协自律规则体系
（登记备案办法/配套指引/运作规则）

1. 自律规则体系与适用顺序（概览）

- **核心依据**：中基协《私募投资基金登记备案办法》（2023）及配套**操作指南/备案指引/问答**；

- **统一入口**：资产管理业务综合报送平台（AMBERS），覆盖**管理人登记、基金备案、信息报送、公示**等；

- **适用顺序**：以上位法（《条例》）为锚；**具体操作遵循协会现行有效版本**的办法、指引、指南；版本冲突时，**从严/从新**执行；

- **分类管理**：证券类、股权/创投类、其他专题类型（如**不动产私募投资基金试点**）适用差异化口径。

2. 管理人登记（准入、材料、流程、注销）

2.1 准入与基本要求

- **主体形态**：公司制或合伙制；合伙型基金由普通合伙人（GP）管理的，GP 按管理人口径履行义务；

- 健全的**治理结构、内控与风控体系**、专职合规/风控岗位；

- **股权与最终受益所有人穿透**到自然人/实际控制人，说明一致行动与投票安排；

- **运营能力与人员配置**与拟开展业务规模相匹配（含投研、合规风控、财务、信息化等）。

2.2 材料要点（按 AMBERS 模块）

- **主体与资质**：营业执照信息、章程/合伙协议、办公场地证明；

- **股权与控制**：股东名册、出资证明、**最终受益所有人声明**、控制关系说明；

- **治理与内控**：基本制度目录、关键流程（投资决策/估值/关联交易/档案管理等）；

- 人员与诚信：高管任职条件、从业资格或经验说明、董监高与关键岗位**诚信承诺**与无不良记录说明；

- 其他：外包与第三方服务安排、信息系统安全与数据合规说明。

2.3 办理流程与时点

- 账号注册 → 在线填报 → 材料初审与补正 → 线上/线下问询 → 决定与公示；

- **注销触发器**（示例）：自登记之日起 **12 个月未备案首只基金**；管理的基金全部清算后 **12 个月未再备案**；存在重大违法违规被追责等。

2.4 重大事项变更

- 变更范围：名称、注册地址、**控股股东/实际控制人**、法定代表人/执行事务合伙人、关键高管、业务范围等；

- 节点管理：**发生后按时限报送**变更申请与证明文件，保持公示信息与内部治理文件一致。

实践提示：把"注销触发—对策"写进内控 KPI：如到期未募，提前 45/90 天预警；关键人员异动建立"变更一键清单"。

3. 基金备案（要素、流程、专题差异）

3.1 基本要素

- 产品类型：股权、创投、证券、**不动产试点**等；

- 募集方式：自募或委托募集（仅限具有基金销售资格的机构）；

- 投资者类型与人数：合格投资者、单只基金**不超过法定人数上限**；

- 账户与托管：**开立募集结算专户**、落实托管或依法依规说明**非托管安排**；

- 关键条款：期限与展期、投向范围与比例、估值与费用、信息披露与审议机制、利益冲突防控。

3.2 备案流程

- 募集文件成套定版 → 完成合格投资者适当性与**资金合规核验** → 完成首轮/目标募集 → 在**规定时限内**通过 AMBERS 递交备案申请与材料 → 协会反馈补正 → 通过后**生成公示信息**；

- 存续期管理：定期/临时信息报送、重大事项变更、清算与注销备案。

3.3 专题差异（举例）

- **创投基金**：强调"投早投小、服务科创"的投资定位与期限匹配，可适用**差异化的锁定/减持与税收政策**（详见后续税务与退出章节）；

- **不动产私募试点**：在股权基金项下新增产品类型，管理人应满足更高的准入与人员配置、**首轮实缴规模**与披露要求，并以**机构投资者为主**。

实践提示：在立项阶段完成"产品类型→备案指引映射"，避免沿用证券类/老版本股权类口径。

4. 信息报送与公示（AMBERS）

- **定期报送**：按基金类型与协会口径提交季度/半年度/年度报告（净值、项目进展、风险揭示等）；

- **临时与重大事项**：触发投资范围重大调整、管理人/托管人变更、合伙人/董事会变更、重大诉讼与仲裁、**存续期/展期/清算**等情形时，按时限报送与同步披露；

- **公示一致性**：对外公示信息应与合同、公告、工商登记等保持一致；

- **数据留痕**：确保底层凭证、会议纪要、估值工作底稿与 AMBERS 报送口径一致，形成**可追溯证据链**。

实践提示：把"时间轴—报送人—审批链"写进信息披露制度，设置自动提醒，避免逾期。

5. **募集合规与适当性**

- **非公开原则**：禁止公开宣传与变相公开；不得**承诺保本保收益**；

- **合格投资者**：满足净资产/金融资产或收入等门槛，具备相应的风险识别与承受能力；

- **尽职调查与留痕**：投资者问卷、风险揭示、**回访确认**与资金来源合规核验应成套留档；

- **委托募集**：仅可委托取得**基金销售业务资格**并为协会会员的机构；

- **募集结算专户与资金监督**：募集资金应进入专用账户，资金划付合规并留痕。

实践提示：事先定版募集全套材料（问卷、适当性审查表、回访话术、资金路径示意），禁止临时改稿。

6. **托管与非托管**

- 鼓励托管，能显著提升资金安全、估值、对账与信息披露的**第三方制衡**；

- **非托管**情形应在基金合同中明确保障措施：拨付审批链、双签与回单、估值与审计安排、异常处置、纠纷解决等，并向投资者充分揭示；

- 托管协议或合同条款应覆盖：账户体系、估值复核、异常处理、资料与对账、信息披露与保密。

7. **重大事项变更与持续合规（基金与管理人）**

- **基金层面**：基金合同关键条款调整、管理/托管机构变更、投资范围/策略重大调整、展期与清算等，按程序审议并**依法报送**；

- **管理人层面**：控股股东/实控人、高管、名称、注册地址等变更，**触发即报**并同步更新公示信息与内部制度文件；

- **一致性与时间性**：工商、协会、公示网站、投资者通知的**一致**

与**时序**是检查重点。

8. 专题类型口径补充（创投 / 不动产试点）

- **创投基金**：在备案、信息报送与后续退出安排上具有差异化口径（如持有期、减持安排等），以协会现行指引为准；

- **不动产私募投资基金试点**：强调管理人资质、**首轮实缴规模**、投资范围与信息披露的更高标准，投资者**以机构为主**，并按试点指引报送专门材料。

实践提示：专题类型从立项即锁定，对应聘用具有该领域经验的人员与外部审计/估值支持。

9. 自律检查与处分的高发点（供自查）

- 募集合规：公开宣传/变相公开、承诺保本、未按适当性流程留痕；

- 登记与备案：**超时**或**信息不一致**，重大事项未报或滞后；

- 资金与估值：募集结算账户未闭环、资金用途与合同不一致、估值与底稿缺失；

- 关联交易与利益冲突：未走审慎程序或未披露；

- 档案保存与信息系统：资料缺失、留痕不全、数据口径不一致。

实践提示：把"高发点→责任人→纠偏动作"的三联表放入内控年检计划，按季度抽查。

第二编 管理人合规与登记

第1章 组织形式、资本与股东穿透

本章目标： 把管理人准入与持续合规中最容易踩雷的三件事——组织形式选择、资本金与持续经营能力、股东/实控人穿透与适格性——讲清楚、对得上操作。

1. 组织形式选择与治理架构

1.1 可选形式与定位

- **公司制管理人（有限责任公司）**：治理清晰、制度化程度高，适合多基金平台化运作与对外合作；董事会/经理层架构与合规风控岗位易标准化。

- **合伙制管理人（普通合伙人/GP）**：与**有限合伙制基金**天然匹配，激励与决策效率高；需强调**无限连带责任**与风控边界；执行事务合伙人负责日常经营与对外代表。

1.2 与基金载体的配合

- **常见搭配**：基金载体为**有限合伙**；管理人可为**公司制管理人**（受托管理）或基金的 GP（直接管理）。

- **角色清晰**：管理人（或 GP）负责投资与运营管理；托管人（如适用）负责资产安全、对账与估值复核；销售机构仅承担适当性与推介职能。

1.3 决策与制衡

- **三会一线**（董事会/投委会/风险控制委员会 + 合规线）职责边界明确；

- **投资决策规则**：投委会组成、回避机制、事前材料留痕、差额表决与复议程序；

- **利益冲突防控**：同一集团多基金/多管理人之间建立**信息防火墙**、**交易审慎程序**与关联交易披露。

实践提示：组织形式的选择以"责任边界+融资合作+激励设计"为核心评估维度；如采用合伙制管理人，务必在合伙协议中固化无限连带责任的内部分担机制与赔偿顺位。

2. 资本金与持续经营能力

2.1 资本金要求与到位

- 以**实缴货币资本**为主要形态，按登记/备案口径**足额到位**；严禁**循环出资、抽逃出资、名义出资**。
- 区分**认缴**与**实缴**：监管关注**实缴金额与时点**，并通过银行流水、验资/审计材料进行核验。

2.2 运营资金与净现金流

- 运营资金与业务规模匹配：覆盖**人工、场地、信息系统、外包与审计**等基本支出；
- 建立**净现金流监控**与**预算滚动**机制，确保**持续经营能力**；禁止以基金财产弥补管理人经营支出。

2.3 资本变动与报送

- **增资/减资/实缴进度**变动，需履行**内部决策—工商登记—协会变更报送—公示**的全链路；
- 重大资金变动应保留**资金来源证明、穿透说明**与关联方资金隔**离**证据链。

实践提示：把"资本金—运营资金—管理资产规模"三项指标纳入月度董监高例会，异常值触发现金流保底计划与成本冻结程序。

3. 股东穿透与受益所有人（最终受益所有人）

3.1 穿透深度与路径

- 穿透至**自然人/实际控制人**，说明**控股比例、表决权安排**、一致行动关系；

- 提供**股权结构图**（含时间截面与重要变更），并与工商档案、公示口径保持一致。

3.2 受益所有人识别

- 明确最终受益人（持股比例、控制方式、特殊表决权/同股不同权等）；

- 不得隐匿**代持/委托持股**，确需委托持股的，应有**可追溯协议与真实意思表示**并依法披露；

- 资金来源**合法合规**，提供银行流水/税单/出资证明等佐证。

3.3 集团化与隔离

- 同一集团下存在**多管理人/多基金平台**的，需落实品牌与销售隔离、人员与薪酬隔离、系统与账号隔离、投资决策独立；

- 严禁通过集团内部安排形成**事实上的一致行动**而未披露。

实践提示：将最终受益所有人核验纳入年度内控审计；对重点股东做穿透回访与存量代持清理，形成核验纪要与证据链。

4. 股东适格性与负面清单

- **诚信与合规记录**：无重大违法、失信被执行、市场禁入、重大税务违法等；

- **行业从业限制**：金融监管处罚期内或被撤销资格的，自然人/机构股东慎入；

- **公共资金/国资参与**：按出资人内部授权与国资监管规则履行决策与备案；

- **利益冲突**：潜在**通道/嵌套/同业竞争**情形应事前披露并设置**回避与信息隔离**。

5. 控制权变更与持续合规

- **触发事件**：控股股东/实际控制人变更、关键高管变更、公司

18

名称/住所变更、业务范围重大调整等；

- **程序要点**：内部决策→工商变更→协会变更报送→对外公示，确保**时序与口径一致**；
- **保护投资者**：在管理费、业绩报酬、基金合同核心条款稳定前提下实施控制权调整；
- **信息同源**：工商、公示网站、内部制度与合同文本保持一致。

实践提示：建立"变更一键清单"：列出变更事项、法定/自律时限、证明材料、责任人与复核人，统一归档。

6. 关键文件与条款（核对清单）

- **章程/合伙协议**：经营范围、资本认缴/实缴、利润分配与亏损分担、表决机制、退出与回购、禁止代持、信息披露与档案保存；
- **股东协议**：锁定期、优先购买权/随售权、估值调整（对赌（估值调整））合规边界、竞业限制与保密、争议解决；
- **内部制度**：投资决策、合规风控、资金支付与印章管理、信息系统与数据安全、关联交易与利益冲突管理、重大事项变更流程；
- **外部服务**：托管协议要点（如适用）、审计/法律顾问/估值/IT外包的职责与信息安全要求。

7. 常见问答（精简版）

问1：资本金必须一次性实缴到位吗？

答：以**监管/协会口径**为准，通常要求**在登记或规定时点前**完成足额实缴并留痕；分期实缴需确保在**报送节点**前完成并具备资金来源证明。

问2：穿透到自然人后，还需要披露家庭成员或一致行动人吗？

答：若存在**共同控制/一致行动**或亲属间**表决权影响**，需**如实披露**并说明安排与边界。

问 3：合伙制管理人的无限责任如何在内部消化？

答：可在合伙协议中约定**内部赔偿/追偿机制**、合伙人分层责任与风险准备金等，并配置**职业责任保险**。

问 4：集团内多个管理人如何证明"实质独立"？

答：提供**组织与人员架构图、岗位职责与薪酬隔离说明、信息系统与账号隔离、投资决策与合规风控独立性**的证据链，必要时出具**第三方鉴证**。

第2章 人员与场地硬约束、集团化隔离

本章目标：明确"人到位、场地到位、隔离到位"三条底线，给出可操作的核查要点与证据留存，避免登记、备案及日常检查中的高频问题。

1. 人员配置的硬性要求与岗位职责

1.1 最低配置与专职化

- 管理人应当配备与业务规模相匹配的**专职人员**，覆盖投资、合规风控、财务、后台运营等核心岗位；

- 关键岗位不得仅以兼职或外包替代；临时雇佣与劳务派遣不应承担实质性合规职责。

1.2 关键岗位职责边界

- **法定代表人或执行事务合伙人**：对合规经营负第一责任；

- **合规负责人**：制度建设、培训与检查、违规处理与报告；

- **风险控制负责人**：投资前中后风险识别、估值与流动性管理、压力测试；

- **投资负责人**：项目决策机制执行、关联交易回避、投后管理；

- **财务负责人**：三账分离、资金支付审批链、税务合规与档案；

- **信息安全负责人**：数据分级分类、权限与日志、对外接口管理。

1.3 任职条件与负面情形

- 满足从业年限与经验的合理要求，具备良好诚信记录；

- 不得由被市场禁入、重大失信、重大刑事或行政处罚未了结人员担任；

- 关键岗位的**兼职限制**应从严执行，并保留董事会或合伙人会议决议及说明。

实践提示：在登记或年检前，统一刷新一次劳动合同、社保缴纳、个税记录与岗位说明书，确保"人岗匹配、证据完整"。

2. 场地的硬性要求与证明材料

2.1 独立、稳定与可识别

- 具备**独立且稳定**的办公场所，不与无关机构混用；

- 门牌、接待区、会议室、机密资料存放区**可清晰识别**管理人名称与范围；

- 对于共享或联合办公，应确保**物理隔离**与**访客登记、资料安全**可达标。

2.2 合规留痕与证明

- 租赁合同与增值税发票、物业或水电网络账单；

- 办公平面图与照片（含门牌、工位、机密资料柜、会议室）；

- 机房或服务器摆放位置说明、重要系统的访问控制与备份策略。

2.3 搬迁或扩租

- 发生变更时，按程序完成内部决策、工商与协会变更报送；

- 确保对投资者披露与对外公示**同步更新**，避免信息不一致。

实践提示：场地合规的核心是独立性与可核验性。能让检查人员"看得见、说得清、调得到"。

3. 集团化经营下的隔离要求

3.1 品牌与销售隔离

- 不同管理人不得混用品牌进行推介；

- 销售团队不得对多个管理人的产品**交叉推介**，避免误导投资者。

3.2 人员与薪酬隔离

- 关键岗位人员不应在集团多家管理人间**交叉任职**；

- 工资与绩效归属**一对一**，杜绝由其他关联机构代发薪酬或报销。

3.3 系统与账户隔离

- 邮件域名、文件系统、项目库、交易与会计账套**分别独立**;

- 资金账户按"管理人固有—各基金财产—受托管理资产"**分别管理、分别记账**。

3.4 决策与信息隔离

- 投资决策委员会**各自独立**，建立回避与记录机制;

- 设置**信息防火墙**：对项目源、估值底稿、尽调报告实施权限分级与访问日志。

3.5 关联交易与利益冲突

- 集团内部提供中后台服务的，应签署**服务协议**，约定收费、权限与保密;

- 涉及同一标的的投资或交易，应履行**审慎程序**并充分披露。

实践提示：做一张"隔离矩阵"（品牌、人员、薪酬、系统、账户、决策、资料），季度自查一次，问题闭环记录。

4. 外包与第三方服务的合规边界

- 投资决策与合规风控等核心职能**不得外包**;

- 可以外包的环节：信息技术维护、估值咨询、审计、法律顾问、登记或行政类服务等;

- 外包前应完成**尽职调查**，协议明确服务范围、数据与保密、质量标准、应急与退出方案;

- 对外包商建立**监督与评估**机制，形成年度评估报告与问题整改清单。

5. 检查重点与证据链

5.1 人员侧

- 劳动合同、岗位说明书、社保与个税缴纳记录、考勤与培训记录;

- 关键岗位的任命文件、履职报告与违规处理台账。

5.2 场地侧

- 租赁合同、发票、物业缴费、水电与网络账单、平面图与照片；
- 机密资料柜、印章与重要介质的保管登记；
- 服务器或云资源的配置与日志、权限清单。

5.3 隔离侧

- 品牌与宣传物料独立证明、销售话术备案；
- 系统与账号权限矩阵、访问日志与外部接口管理；
- 资金账户清单、账户对账与审计底稿；
- 投委会记录、回避与关联交易审议材料。

实践提示：证据链要可追溯。 每一项结论都有文件编号、出具日期、责任人与留存位置。

6. 常见问题与整改路径

- **专职人员不足或兼职替代**：补充招聘、重新分工并出具任命文件；

- **社保不在本机构**：补办迁移与补缴，形成说明与票据；
- **场地与他人混用**：调整布局或搬迁，补充合同与物理隔离；
- **集团交叉推介**：统一话术与口径，建立投顾与销售边界；
- **系统与账户混用**：拆分账套、重设权限，开展专项审计；
- **资料留痕不足**：补录历史材料、完善档案索引与编号规则。

7. 变更管理与报送

- 人员、场地、名称、控制权等**重大事项**发生变更时，按法规与自律规则的**时限**完成内部决策、工商与协会报送；
- 确保工商、公示网站、协会系统与对投资者披露**口径一致、时间一致**；
- 对变更前后可能影响投资者利益的事项，提供**差异说明**与必要的稳定安排。

第3章 登记流程与材料清单

本章目标： 把"怎么申报、交哪些材料、在哪些节点把关"讲清楚，避免来回补正。

1. 登记总体路径（文字版）

1）**前期准备：** 启动合规评估→补齐人员、场地与制度→完成股权穿透与最终受益所有人核验。

2）**系统开户与权限：** 在协会报送系统完成机构注册、负责人与经办人权限分配。

3）**在线填报：** 按模块录入基础信息并上传证明材料。

4）**提交与受理：** 提交后进入形式审查，必要时接收补正通知。

5）**补正与问询：** 按时限逐条回复，补交证明与说明。

6）**决定与公示：** 通过后完成公示信息核对。

7）**持续义务：** 及时办理重大事项变更、开展基金备案与信息报送。

实践提示： 把"提交日"前后两周设为资料冻结期，避免版本漂移导致口径不一致。

2. 角色分工与时间节点

- **法定代表人或执行事务合伙人：** 对申报材料的真实性、准确性、完整性负责；

- **合规负责人：** 统筹口径、把关制度与历史沿革一致性；

- **投资负责人：** 提供投资管理制度与投委会规则、过往业绩说明（如需）；

- **财务负责人：** 资本金与运营资金证明、三账分离和资金支付审批链；

- **信息系统管理员：** 账户与权限管理、日志留存；

- **经办人：** 填报、附件整理、编号与提交。

时间节点建议：立项会（第0日）→材料定版（第+10日）→在线提交（第+15日）→补正回复（收到通知后第+3至+10日内）。

3. 申请条件自查要点

- **主体资格**：公司或合伙企业依法设立，经营范围覆盖私募基金管理；

- **人员与场地**：专职人员与独立场地到位，证明材料齐备；

- **资本与经营**：实缴资本与持续经营能力与业务规模相匹配；

- **治理与制度**：投资决策、合规风控、资金与估值、信息披露、档案管理等制度成套；

- **股权与控制**：穿透至自然人并识别最终受益所有人，说明一致行动与控制安排；

- **诚信记录**：无重大违法、被市场禁入或严重失信情形。

4. 材料清单（按模块归类）

4.1 主体与资质类

- 营业执照复印件、章程或合伙协议；

- 组织架构与岗位职责说明，印章管理制度与样式说明；

- 办公场所证明：租赁合同、税务发票、平面图与现场照片。

4.2 股权与控制类

- 股东名册与出资证明、历史沿革说明；

- 股权结构图（穿透至自然人/实际控制人），一致行动与表决权安排说明；

- 最终受益所有人的身份证明与承诺，资金来源说明及佐证。

4.3 人员与任职类

- 法定代表人/执行事务合伙人、关键岗位任命文件与履历；

- 劳动合同与社会保险缴纳记录、考勤与培训记录；

- 诚信与合规承诺、在任情况与兼职说明。

4.4 内控制度与业务规则

- 投资决策、合规风控、风险评估与压力测试、关联交易与回避机制；

- 资金管理（账户体系、支付审批链、对账与凭证）、估值与信息披露；

- 档案保存、信息系统与数据安全、外包管理、重大事项变更流程。

4.5 外包与第三方服务

- 外包/服务协议（范围、保密、数据、质量与应急退出）、尽职调查记录与年度评估说明；

- 审计、法律顾问、估值等服务机构的资质与职责边界说明。

4.6 其他说明与承诺

- 合法合规经营承诺、信息真实准确完整承诺、反洗钱与反恐怖融资承诺；

- 可能影响独立性的事项及其隔离措施说明。

实践提示：所有附件统一封面—目录—编号—版本号—出具日期—责任人六要素，扫描件需清晰、可检索。

5. 在线填报要点与一致性控制

- **名称、住所、法定代表人**与工商信息一致；

- **股权比例、实缴金额、最终受益所有人**信息在填报表与附件中完全一致；

- **管理资产规模**统一以期末净资产口径统计；

- **关键岗位名单**与任命文件、劳动合同、社保记录一致；

- 附件命名遵循"模块—文件名称—日期—版本号"规则，避免重名与漏传；

- 重要说明文字尽量**引用附件编号**，减少口径歧义。

6. 补正与问询的常见问题

- 股权穿透不充分或最终受益所有人识别不清；
- 资本金或资金来源佐证薄弱，存在循环出资嫌疑；
- 场地与他人混用、照片与平面图无法证明独立性；
- 制度空泛、与实际操作脱节，无流程与表单留痕；
- 专职人员不足，社保记录不匹配；
- 外包越界，涉及核心职能。

答复方法：逐条列示—引用附件—补强证据链—承诺整改完成时点。必要时提供访谈纪要、银行回单、第三方鉴证等。

7. 登记通过后的后续事项

- **公示核对**：立即核对协会公示信息与内部资料、网站对外信息、工商登记的一致性；
- **制度宣贯**：向全体员工宣贯合规与信息披露制度，明确责任人与时限；
- **基金备案筹备**：同步完成募集结算专户、托管或非托管保障措施、合格投资者适当性材料；
- **重大事项管理**：建立变更台账，触发即报，形成闭环。

8. 注销、撤回与善后

- **注销触发**（示例）：登记后一定期限内未备案首只基金；全部基金清算后一定期限内未再备案；发生重大违法违规被追责等；
- **撤回申请**：确需撤回的，形成原因说明与投资者影响评估，完成工商与协会手续；
- **善后**：对外公告、投资者告知、资料封存与岗位安置。

9. 风险提示与内部自查

- 任何承诺保本保收益、公开宣传或变相公开均为高风险；
- 管理人与基金财产必须分别管理、分别记账；

- 关联交易与利益冲突必须走审慎程序并披露；

- 建议每季度完成一次**"人员—场地—制度—账户—资料"**五项抽查，留存自查报告与整改闭环。

第4章重大事项变更与信息报送

本章目标：把"哪些算重大""谁来决定""何时、向哪里报""披露到什么程度"讲清楚，避免滞后、漏报、口径不一致。

1. **总则与适用范围**

- 本章适用于**管理人层面**与**基金层面**的重大事项变更与信息披露；

- 原则：**从严认定、及时报送、口径一致、证据完备；**

- 渠道：以**协会报送平台**为主，同步完成**工商登记/公示**与**对投资者披露**，必要时在管理人官方网站或其他约定载体披露。

2. **重大事项的分类与触发标准**

2.1 **管理人层面（常见情形）**

- 名称、住所变更；

- 控股股东或实际控制人变更，表决权安排发生重大调整；

- 法定代表人或执行事务合伙人、关键高管变更；

- 注册资本增减、实缴进度重大变化；

- 组织形式或经营范围重大调整；

- 办公场所变更、发生合并搬迁；

- 重大违法违规、被采取监管措施、主要诉讼仲裁；

- 影响独立性的重大事项（如集团内部整合、共享人员或系统安排调整）。

2.2 **基金层面（常见情形）**

- 基金合同**关键条款**调整（期限与展期、投资范围与比例、估值与费用、分配机制、信息披露等）；

- 管理人、托管人、销售机构变更或新增/终止重大外包；

- 募集方式或合格投资者适当性标准的调整；

- 重大资产处置、重大交易失败或重大风险事件；

- 进入清算、提前终止、延长存续期；

- 重大诉讼仲裁、被监管采取措施、出现重大合规缺陷；

- 其他依自律规则应报送或披露的事项。

实践提示：凡对投资者利益、基金财产安全、信息披露真实性与完整性具有实质影响的，优先按"重大事项"处理，先内部审议再报送披露。

3. 决策程序与报送时限（操作路径）

3.1 内部决策

- 管理人层面：董事会或合伙人会议审议，形成决议与会议纪要；

- 基金层面：按基金合同约定的表决机制（投资者大会、合伙人会议或委托授权）审议，必要时征求托管人意见；

- 同步准备：法律意见或合规审查意见、风险评估、投资者利益影响说明。

3.2 报送顺序与时限

- 原则上采取**内部决策→协会报送→工商及公示**的并行或紧密衔接路径；

- 时限以当期协会办事指南为准，发生后应**及时**完成报送，不得无故拖延；

- 涉及对外公示的信息，应在各渠道之间保持**时间与内容一致**。

3.3 投资者告知

- 采用投资者大会决议、书面征集或通知函等方式，**留存送达与回执**；

- 对潜在不利影响的事项，应提供**差异化安排或稳定措施**（如设置过渡期、费用调整、退出选择等）。

4. 信息披露的内容与口径

4.1 定期信息披露

- 按季、半年、年度提交与披露：净值、项目进展、风险提示、重大合同与费用、合规事项、重要外包的服务质量评估等；
- 形成一致的**指标口径**与**披露模板**，确保可比性。

4.2 临时与重大事项披露

- 发生触发情形后，按照自律规则**及时**披露；
- 必要内容：事项概述、决策程序、对投资者影响、风险提示与应对安排、后续计划与时点；
- 对外披露与协会报送、工商信息、基金合同修订文本之间必须**完全一致**。

4.3 非托管安排的特别披露

- 如基金未设托管，应在基金合同及披露文件中**明确保障措施**（资金拨付审批链、双签与回单、估值复核、异常处置与纠纷解决）。

5. 常见高风险与整改要点

- **控制权变更先实施后报送**：应先完成内部决策与投资者沟通，再办理工商与协会手续；
- **展期程序缺失**：未按合同表决或未在时限内报送，应补行决议并明确对投资者的补救措施；
- **投资范围先行越权**：未修订合同即实施，应立即停止并披露，补足审议与报送；
- **口径不一致**：工商、公示网站、协会系统与投资者通知不一致，需统一版本并说明原因；
- **非托管未披露保障**：补充制度文本与实际执行证据，向投资者专项说明；
- **滞后报送**：建立提醒机制与责任追究，形成整改闭环。

6. 证据链与档案保存

- 会议通知与签到、会议纪要与决议、书面征集文件与统计表；

- 律师意见、审计或验资证明、风险评估报告；
- 协会系统报送回执、工商变更受理与核准通知、对外公示截图；
- 投资者通知、回执与问答记录；
- 估值底稿、信息披露底稿、系统操作日志；
- 档案编号、出具日期、责任人与保存年限明确。

7. 问答（精简版）

问1：控股股东变更先报送还是先工商？

答：以**内部决策与投资者告知在先**为原则，工商与协会报送可并行办理，但对外信息应保持一致，避免前后矛盾。

问2：基金展期需要达到怎样的同意比例？

答：以基金合同约定为准。一般视合同设置的表决机制执行，并保留完整的投票或书面征集凭证，同时在规定时限内完成报送与披露。

问3：投资范围微调是否属于重大事项？

答：涉及合同**关键条款**或对风险特征、收益分配产生实质影响的，应按重大事项处理并修订合同；确属微调且不构成关键条款变化的，至少应临时披露并留痕。

问4：信息系统迁移是否需要披露？

答：如涉及估值、报送、数据安全等核心运行机制，原则上按重大事项审议并在披露中说明影响与保障措施。

8. 自查要点（简版）

- 是否建立**重大事项触发器清单**与责任人台账；
- 是否明确**报送时限**与"谁来提、谁来审、谁来发"；
- 工商、公示、协会系统、投资者通知是否**同源一致**；
- 是否留存完整的**证据链**并可追溯；
- 是否对历史问题形成**整改闭环**并在后续报告中说明。

第5章 信息披露与档案保存

本章目标：明确**"披露到位、口径一致、证据留痕"**。围绕定期与临时披露、投资者沟通、口径统一与更正机制、档案保存与检索四条主线展开。

1. 总则与基本原则

- **真实、准确、完整、及时、可理解**；
- **同源一致**：协会报送平台、公示网站、工商信息、对投资者披露文本之间保持一致；
- **最严格适用**：出现口径冲突时，优先采用上位法与协会最新有效规则的较严口径；
- **保护投资者**：充分风险揭示，重大事项前置沟通，差异化稳定安排。

实践提示：披露不是"交表"，而是可被审计、可被追溯的信息工程。任何数字与结论都要能指向底层凭证。

2. 定期信息披露（基金层面）

2.1 报告种类

- 季度、半年度、年度报告；
- 特定产品或专题类型要求的专项报告（如投资进展、风险管理、估值方法变更等）。

2.2 披露要点

- **净资产值与份额变动**：说明估值方法、关键假设、重大公允价值变动的依据；
- **投资组合与项目进展**：项目增减、投后治理、重大合同及其履行；
- **费用与分配**：管理费、托管费、业绩报酬的计算口径、计提与分配；

- **风险提示**：流动性、重大不确定性、重大诉讼与合规事项；
- **关联交易与利益冲突**：审慎程序与披露情况；
- **信息差异说明**：与上期相比的口径调整与原因。

2.3 审批与发送

- 经办起草→合规复核→负责人签发→在约定渠道向投资者发送，同时在协会平台完成报送（如属必须报送）。

2.4 估值与减值的披露与底稿

- **适用场景**：股权/创业投资、不动产等以非公开市场定价为主的资产；

- **重估触发**：

1）新一轮融资或并购交易达成；

2）经营出现重大不利变化（核心客户/供应商流失、重大事故、持续亏损等）；

3）重大政策或监管口径变化影响商业模式；

4）不动产类出现租约结构/出租率/平均租金显著变动或重大资本性支出；

5）其他经合规与风险控制认定的重大事项。

- **估值方法与一致性**：在成本法、可比公司法、收益法等方法中择优或综合使用，**方法、参数与数据来源**在各披露文本、协会报送与托管复核中保持一致；发生方法变更，须说明**变更原因、影响范围与过渡安排**。

- **复核与审批**：由估值工作小组出具底稿→合规与风险复核→负责人签发；重要节点引入第三方评估并留存**评估报告、工作底稿与沟通纪要**。

- **减值计提**：遵循审慎原则，列示计提理由、关键假设与对净资产值的影响；对前期差异实施**追溯说明**。

- **信息披露**：
  - **定期报告**：披露估值方法、关键参数变化、重大公允价值变动及其依据；
  - **临时披露**：出现重大减值或估值方法重大调整，按时限临时披露并同步协会报送；
  - **与托管对接**：托管或监督机构对账与复核意见应与披露口径一致。
- **禁止性情形**：严禁以"调节估值"平滑业绩，严禁以估值安排变相承诺固定回报或保底条款。

3. 临时与重大事项披露（基金与管理人）

- 触发条件：合同关键条款调整、管理人或托管人变更、重大交易或风险事件、清算与展期、被监管采取措施等；
- 披露内容：事件事实、决策程序、对投资者影响、风险提示与应对安排、后续计划与时点；
- 披露顺序：内部审议在先，协会报送与投资者告知同步推进，对外公示与工商信息保持一致；
- 非托管情形：在合同与披露文件中**明确保障措施**（资金审批链、双签与回单、估值复核、异常处置与纠纷解决）。

实践提示：凡对净资产值、现金流或投资者决策产生实质影响的，宁可从严披露，不做"技术性不披露"。

4. 投资者沟通与送达留痕

- 渠道：投资者门户、登记邮箱、书面信函、投资者大会或书面征集；
- 送达：确保可证明的送达与回执（系统回执、签收单、电话回访记录）；

- 问答：对投资者的书面问答归档编号，并在定期报告中汇总重要问答要点；

- 敏感信息：对涉及未公开重大信息的披露，限定对象、限定范围并留存知情名单与承诺。

5. 口径统一与更正机制

- **同一口径**：净资产值、管理资产规模、投资者人数、费用计算等关键指标在所有披露文本与系统报送中保持完全一致；税务申报与完税凭证须与对外披露、协会报送、托管/监督对账的数字一致；发现差错，按本章更正机制在所有渠道同步更正并留痕；

- **变更管理**：确需调整估值政策或指标口径的，先内部审批与投资者沟通，再披露并追溯说明影响；

- **差错更正**：发现估值口径、参数或数据使用存在重大差错，或外部评估/审计提出重大调整意见的，立即启动更正：暂停使用相关口径→组织复核与重估→形成更正说明**在所有渠道同步更正**（协会报送、公示/公告、发给投资者）→保留更正前后对照；

重要性判断：按内部制度设置"重大差错"阈值（结合净资产影响比例、是否影响投资者重大决策），从严执行。

- **版本控制**：所有对外披露形成"版本号—日期—责任人—审批链"的登记簿。

6. 档案保存与检索（管理人与基金）

6.1 保存范围（示例）

- 设立与变更：章程或合伙协议、股东协议、历史沿革材料、工商登记文件；

- 投资与运作：立项、尽职调查、投资决策、合同与交割、投后管理、估值底稿；

- 披露与报送：定期报告、临时公告、投资者通知与回执、协会报送回执与公示截图；

- 资金与财务：银行流水、对账单、凭证与票据、审计报告；

- 合规与风控：自查与整改报告、合规培训、违规处理与问责材料；

- 外包与第三方：服务协议、尽职调查与年度评估、数据与保密条款、交付成果。

6.2 保存年限与介质

- 依照法律法规与自律规则的**最低保存年限**执行；存在不同规定的，从**较长者**执行；

- 纸质与电子并行保存，电子档案应具备**不可篡改**与**可追溯**特性（时间戳、校验值、日志）。

6.3 编目与检索

- 统一的"目录—编号—关键词—保密级别—保存年限—位置"六要素；

- 建立可检索的档案索引，保证在**规定时间内**完成调阅响应；

- 涉个人信息与重要数据的，按分级分类管理，严格访问权限与脱敏出具规则。

6.4 估值与评估档案

- **底稿**：估值模型、参数、数据来源截图或证明、同行可比样本与剔除理由、敏感性分析；

- **评估资料**：第三方评估合同、工作计划、访谈记录、问题清单与回复、评估报告及其附件；

- **对账与复核**：与托管或监督机构的对账单、复核意见与整改闭环；

实践提示：把"披露文本—底层凭证—系统报送回执"三者建立一对一对应关系，形成闭环。

7. 信息系统与数据安全

- 系统权限：按岗位最小必要原则授权，关键操作需双人复核与日志；
- 数据流转：对外输出数据的格式、范围与审批链固定化；
- 异常处置：设立"披露事故"应急预案（错发、漏发、延迟、口径不一致），明确启动条件、对外口径与投资者安抚路径；
- 第三方对接：与托管、审计、估值、登记等外部系统的数据接口，建立变更与回归测试机制。

8. 估值系统与权限控制

- **权限最小化**：估值模型库与参数库实施分级授权，关键修改需**双人复核与操作日志**；
- **版本管理**：模型与参数每次调整生成唯一版本号与时间戳，旧版**废止留痕**；
- **数据接口**：与托管、审计、评估机构的数据交换应通过受控接口，建立**变更登记与回归测试**；
- **异常预案**：出现"估值异常事件"（极端波动、参数失真、数据缺口）时，启动应急流程：冻结相关披露→临时复核→必要时临时披露与投资者沟通→在时限内完成修复与更正。

9. 自查清单（简版）

- 是否形成**定期与临时披露**的时间表与责任人台账；
- 披露数字能否**追溯到底层凭证**并与协会报送口径一致；
- 是否建立**版本控制与更正机制**，出现差错是否能在第一时间修正；
- 投资者沟通是否留痕，送达与回执是否完整；
- 档案是否能在规定时间内调阅，目录与编号是否统一；
- 信息系统的权限、日志与备份是否健全，外部接口是否按变更流程管理。

第6章 信息系统与外包合规

本章目标：把"**系统怎么建、谁能用、怎么改、怎么留痕、出事怎么办、哪些能外包**"讲清楚，形成对信息与外包的**治理—技术—流程—证据**闭环。

1. 总则与适用范围

- 适用于管理人与基金在募集、投资、投后、估值、披露、档案与对外对接（托管、审计、登记等）环节所使用的信息系统与外包活动；

- 原则：**最小必要、分级分类、授权可追溯、变更可回滚、数据可恢复、第三方可监管**；

- 核心目标：保障**基金财产安全、投资者信息安全、经营连续性与合规披露的一致性**。

2. 信息系统治理框架

2.1 组织与职责

- 设立信息安全负责人与跨部门工作小组（合规、风控、运维、业务），明确职责边界；

- 形成制度体系：账户与权限、数据分级分类、变更管理、日志与留痕、备份与灾备、对外接口管理、事件响应、外包管理。

2.2 制度与台账

- 建立"制度清单—版本—生效日期—培训记录—年度评估结论"的台账；

- 制度执行留痕纳入年检与自查范围。

3. 数据分级分类与最小必要

- 将数据划分为：**公开、内部、敏感、重要**等等级，并标注保密期限；

- 对**投资者信息、被投企业未公开信息、估值底稿与账户信息**按高等级管理；

- 任何收集、使用与对外提供，遵循**最小必要与目的限制**，形成**数据项目录与使用场景表**。

4. **账号与权限管理**

- **实名、唯一、专人专用**，禁止共用账号；

- 关键系统启用**多因素认证**与登录地域、时间限制；

- **特权账号**独立管理：授权审批、临时提权、全程录像与日志；

- 入职—转岗—离职的**开通/变更/注销**在**一个工作日内**闭环；

- 定期复核权限矩阵，与岗位说明书一致。

5. **变更管理与开发上线**

- 实施"**需求—评审—开发—测试—批准—上线—回滚**"全流程，任何紧急变更须在事后补齐记录；

- **开发、测试、生产环境物理或逻辑隔离**，禁止在生产环境直接改数；

- 代码与配置实行**版本控制**与**双人复核**，重要变更需负责人批准；

- 变更记录与影响评估、回滚方案、上线窗口与结果应可追溯。

6. **日志审计与留痕**

- 范围：登录、权限变更、增删改查敏感数据、资金指令、对外接口调用；

- 要求：**集中留存、时间同步、不可篡改、可检索**；

- 保存期限不低于制度与自律规则要求，对关键系统建议**不少于三年**；

- 建立告警阈值：多次失败登录、越权访问、异常批量导出、异常资金指令等。

7. **业务连续性与灾备**

- 明确**恢复时间目标**与**数据恢复点目标**，与托管、登记等外部节点协同；

- 采用"**多副本—异地—离线**"备份策略（可参考"3-2-1"思想），并**每季度演练**；

- 编制停摆场景预案（网络中断、系统故障、数据被加密等），形成演练报告与改进清单。

8. 对外接口与数据交换

- 对托管、审计、估值、登记平台的接口实行**白名单、双向认证、加密传输**；

- 设立**对外数据目录**与审批链，记录每次导出、对接与共享；

- 第三方取数遵循"**谁申请、谁使用、谁负责**"，并绑定数据保密义务。

9. 云服务与第三方平台使用

- 立项前完成合规评估：服务资质、数据驻留、加密、日志、可用性与恢复能力、退出与迁移方案；

- 签订**服务水平协议**与**数据与安全条款**：停机与故障通报、证据配合、数据删除与返还、应急演练参与；

- 管理主密钥与访问控制，避免由第三方**单方掌握解密能力**；

- 重要系统优先采用**专属资源或等效隔离方案**。

10. 外包管理（边界—尽调—协议—监督—退出）

10.1 外包边界

- 不得外包：**投资决策、合规风控、资金审批与估值定夺**等核心职能；

- 可外包：**信息系统运行维护、渗透测试与安全评估、登记与行政类服务、法律与审计、估值咨询**等非核心或辅助环节。

10.2 尽职调查

- 核验资质、人员稳定性、过往事故与合规记录、数据与安全能力、服务场景与退出能力；
- 形成书面评估与评分，留存证据。

10.3 协议要点

- 服务范围与质量指标、价格与结算、**数据与保密、知识产权与成果归属、安全事件报告、违约与赔偿、应急与退出**；
- 对涉及个人信息或重要数据处理的，单列**委托处理条款**与**再委托限制**。

10.4 监督与评估

- 建立**服务监督台账**与**季度/年度评估**，触发不达标整改或更换；
- 对关键环节实施**抽样复核**与**渗透测试**，必要时第三方交叉评估。

10.5 退出与交接

- 明确数据**返还、销毁与证明**，配置交接清单、账户移交、日志与文档归档；
- 确保在退出期间业务不中断。

11. 跨境与数据出境（如涉及）

- 识别拟出境的数据类型与规模，按最小必要原则处理；
- 依法履行评估、合同或备案程序；
- 对出境数据建立**境外接收方管理清单**与访问审计，必要时设定**隔离与脱敏**策略。

12. 事件分级与响应

- 分级：**一般、较大、重大**三档，按影响范围、持续时间、数据级别、对投资者与基金的影响划分；
- 流程：发现—遏制—取证—评估—报告—披露与沟通—恢复—复盘与整改；
- 触及投资者或造成披露差错的，按**信息披露与更正机制**执行。

43

13. 终端与供应链安全

- 统一的终端管控：病毒防护、补丁更新、外设与移动存储介质控制；

- 供应链管理：关键软硬件与外包商纳入**白名单**与合规评估，变更需再评估；

- 对含有**重要组件或代码**的第三方，保留源代码或等效审计权。

14. 自查要点（简版）

- 是否建立系统治理与外包管理的制度与台账；

- 数据是否分级分类并绑定权限、日志与审计；

- 变更是否有评审、测试、上线与回滚记录；

- 备份是否三类介质、异地保存并有演练记录；

- 对外接口是否白名单与加密，导出是否登记与审批；

- 外包是否完成尽调、签订合规条款并开展评估；

- 事件响应与应急演练是否形成闭环记录。

15. 常见问答（精简版）

问1：可以把估值底稿交给外包商集中保管吗？

答：原则上不宜。如确有必要，需签订严格的保密与访问控制条款，实施加密与日志留痕，并保留本机构内的**同步备份**。

问2：生产环境临时改数是否允许？

答：极端应急情形可按授权流程执行，事后必须恢复为**程序化修复**并补齐审批、日志与影响评估。

问3：云平台发生故障导致披露延迟怎么办？

答：启动业务连续性预案与本地/异地备份，按披露机制进行**临时披露与更正**，并与服务方联合复盘，更新服务水平协议与改进项。

问 4：委托第三方做适当性回访合规吗？

答：可委托但需**统一话术与脚本**，明确数据采集范围、保密与留痕，管理人对结果承担最终责任，并进行抽查复核。

第三编 基金募集

第1章 募集方式与适当性

本章目标：明确**"非公开募集边界—谁来卖—卖给谁—怎么证明卖得合规"**，将募集全过程做成可审可验的闭环。

1. **基本原则与非公开募集边界**

- **非公开**：以特定对象为范围定向推介，不得面向不特定公众；

- **真实、准确、完整**：不得承诺保本保收益，不得披露虚假或重大遗漏信息；

- **适当性优先**：先判断投资者是否适合，再决定是否推介与签约；

- **一致性**：对外口径与报送信息、合同条款保持一致；

- **留痕可追溯**：募集环节的每一步都能对应到文件、记录与责任人。

实践提示：任何含"公开传播属性"的行为（媒体稿、对外官网、开放社交平台、公开路演）均应默认不得用于募集推介，内部合规审查应采用"从严口径"。

2. **募集方式：自募、委托募集与联合推进**

2.1 **自募**

- 管理人自行完成推介、适当性核验、签约与信息报送；

- 应具备与业务相匹配的销售与合规能力，相关人员受管理人内控约束。

2.2 **委托募集**

- 仅可委托具有**基金销售业务资格**并符合协会会员管理要求的机构；

- 双方签署募集服务协议，明确**职责边界、费用与激励、信息共**

享与保密、投资者适当性分工、责任追究；

- 管理人仍对**最终合规结果**负责，需对委托机构进行尽职调查与持续监督。

2.3 联合推进

- 自募与委托并行的，需在协议与内部制度中明确**谁主导适当性审查、谁负责回访与送达、谁在系统报送**，避免留痕断裂。

3. 渠道与宣传合规（禁区与边界）

- **禁区清单**：公开广告、公开讲座或路演、媒体采访稿、搜索引擎投放、公开社交媒体广泛传播、以"预约登记"变相公开收集客户；

- **边界举例**：小范围一对一沟通、定向发送至已建立业务关系或经审查合格的投资者、在受控系统内查看的材料；

- **材料管理**：所有推介材料须经**合规审核与编号**，版本留存，引用数据需注明来源与日期；

- **风险揭示**：在任何推介材料显著位置标注"非公开""风险自担"等必要提示。

4. 合格投资者与人数控制（原则性要求）

- **合格投资者**：应满足现行规定的资产规模、收入或专业能力等门槛；机构投资者需具备相应净资产与内部决策程序；

- **人数控制**：单只基金投资者人数应不超过法律法规规定的上限；涉及穿透核算的，按现行口径合并计算；

- **最低认缴/认购**：遵循现行规定及合同约定，严禁以分拆、代持等规避门槛。

实践提示：对通过产品或通道出资的投资者，应穿透识别真实出资人，无法穿透的，慎纳或按机构口径审慎处理并完整留痕。

5. 适当性流程与留痕（了解客户—评估匹配—确认与回访）

5.1 了解客户

- 收集投资者身份与背景、资产与负债、投资经验、风险承受能力、投资目的与期限等；
- 对机构投资者，审查决策权限、内部审批文件、授权与联系人名单。

5.2 评估与匹配

- 按产品风险等级与投资者承受能力匹配，形成匹配结论与**理由说明**；
- 对不匹配的，列明不适合理由并**拒绝销售**或要求补充证明。

5.3 确认与回访

- 出具并由投资者签署**风险揭示书**、投资者告知书与合格投资者声明；
- 进行电话或面对面回访，核对**关键风险点、杠杆与流动性、费用与退出机制**；
- 形成回访记录、录音或会议纪要，纳入档案。

5.4 反洗钱与资金来源合规

- 身份核验、名单筛查、可疑交易识别与报告；
- 资金路径与来源证明应可追溯，与投资者身份信息**一一对应**。

6. 穿透核验与特殊类型投资者

- **产品型投资者**（资管计划、信托、私募子基金等）：核验其合法合规与投资权限，按规定穿透至最终出资人或按机构口径审慎处理；
- **国有出资主体**：核查内部授权与国资监管要求；
- **金融机构资金**：按其监管规定执行投资范围与比例限制，保留资质与授权文件；
- **境外主体**：遵循外汇与跨境规定，必要时补充法律意见与税务安排说明。

7. 募集资金管理与监督

- 募集期资金进入**募集结算专户**，与管理人固有资金、其他基金财产严格分离；

- 采用**监督机制**（如与托管或监督机构签署监督协议），确保募集资金的收付、退款与划款合规；

- 募集结束后，及时完成备案并按合同约定进入投资与运作阶段。

8. 销售文件与信息一致性

- **核心文件**：基金合同、募集说明文件、风险揭示书、投资者适当性与匹配记录、回访记录、认购文件、资金凭证；

- **一致性**：文件之间的要素（名称、期限、投资范围、费用、估值、分配、退出安排）与协会报送信息、对外公示内容保持一致；

- **版本控制**：文件编号、版本与日期清晰可查，旧版作废有记录。

9. 销售激励与费用合规

- 销售激励与费用安排应当**透明披露**，不得以任何方式向投资者**承诺收益或让利保底**；

- 严禁"砍头息""返现""以费代息"等变相利益输送；

- 委托募集的费用结算应与销售结果、服务质量相匹配，并在合同中明确。

10. 募集失败、中止与撤回

- 发生募集失败或中止时，应按合同与法律规定**及时足额退回资金**并出具对账单；

- 向投资者披露**失败/中止原因、后续安排与时间表**；

- 在协会系统完成相应状态变更或撤回手续，并保留回执。

11. 高风险事项与自查要点

- 以公开方式变相募集、使用夸大或误导性宣传；

- 未完成适当性评估先行销售或补填材料；

- 人数或投资金额突破上限、分拆出资或代持；

- 通过无资质机构代销或未尽职监督；

- 募集资金未进入专户、与其他资金混同；

- 文件与系统报送口径不一致、留痕缺失。

实践提示：建立"募集合规台账"：节点—责任人—时间—文件编号—系统回执五栏，季度抽查一次并闭环整改。

12. 常见问答（精简版）

问 1：线上推介是否一定违规？

答：关键在于**是否面向不特定对象**。若采取受控方式，仅限经审查合格的特定对象登陆并查看，且完成适当性核验与留痕，可按非公开处理；反之属于公开传播，应避免。

问 2：委托募集后，合规责任在谁？

答：管理人负最终责任。应对受托机构进行尽职调查并在协议中明确分工与追责，同时对适当性、回访与送达进行抽查复核。

问 3：通过通道产品认购，如何计算人数？

答：依现行穿透口径执行。能穿透到实际出资人的，按穿透后口径计算；不能穿透或不需要穿透的，按机构投资者规则审慎处理并留痕。

问 4：募集失败退款需要哪些材料？

答：退款明细、银行回单、对账单、投资者确认与通知回执、协会系统状态变更回执，做到**金额可核、路径可追、时间可查**。

第2章 宣传与禁区

本章目标：把**"能说什么、在哪里说、怎样说才合规"**讲清楚。

核心原则：非公开募集、真实准确完整、风险揭示充分、留痕可追溯。

1. 总则与适用范围

- 本章适用于管理人及受委托募集机构开展的**任何对外传播与推介**活动：文字、图片、音视频、演示文稿、会议发言、线上页面、私域信息等；

- 涉及基金要素、过往业绩、投资策略、团队资历、项目储备、费用与退出安排等内容，均纳入合规审查范围；

- 对外传播遵循**"谁制作谁负责、谁发布谁负责、谁转发谁负责"**。

2. 非公开募集原则与宣传边界

- **对象限定**：仅向特定对象定向推送，不得面向不特定公众；

- **渠道受控**：仅使用受控渠道（白名单系统、受控群组、一对一沟通）；

- **先审后发**：所有材料**事前合规审核与编号**，未经批准不得对外发送；

- **先适当性后推介**：先完成合格投资者核验与分级匹配，再提供产品材料；

- **不可借壳公开**：不得借媒体采访、论坛演讲、公开课、搜索引擎投放、"预约登记"等形式变相公开。

实践提示：判定是否"非公开"，看受众是否事先明确可识别、渠道是否受控、发送是否留痕三点。

3. 硬性禁区（严禁出现）

- **保证类表述**：保本、保证收益、无风险、刚性兑付、稳赚不赔、保底条款等；

- **收益夸大**：承诺最低回报、设定收益区间、以过往业绩推断未来确定收益；

- **误导对比**：与存款、公募、理财等简单对比，暗示同等安全或更高确定性；

- **虚假或重大遗漏**：隐去重要风险、重大不利因素、关键限制条款；

- **公开传播**：在公开网站、公开社交平台、公开直播、媒体报道、搜索推广等投放基金推介；

- **违规代销**：委托无资质机构或个人代销、以返现回扣等方式拉客；

- **变相分拆与代持**：以分拆出资、代持等方式规避人数或门槛；

- **不当激励**：返现、抽奖、赠礼与收益挂钩的营销手段。

4. 高风险用语与易踩坑（从严管控）

- 暗含确定性：例如"稳健增值""年化达到××""躺赢""保底兜底方案"；

- 选择性披露：只讲成功案例或最高回报，未披露失败样本与分布；

- 过度背书：以监管机构、政府平台或"国家战略"为名背书投资收益；

- 断章取义：引用第三方数据不标注来源与日期，或将行业增速等同于基金收益；

- 过早披露：募集中未成型事项（如未签约项目、意向托管、拟上市计划）当作既成事实。

实践提示：对"稳""保""承诺""保证""安全"等关键词设置系统敏感词，触发强制复核。

5. 渠道与场景合规要点

5.1 企业官网与公众号

- 官网首页与公开页面**不发布**具体基金推介；如需介绍业务，应仅作**通用介绍**，不含产品要素与认购信息；

- 公众号文章如涉及基金，应设为**仅对已核验投资者可见**或通过受控链接访问，并保留访问日志。

5.2 私域社交（朋友圈、群聊、企业微信等）

- 严禁广泛转发含产品要素的推介；

- 允许一对一或在**受控小群**与已核验投资者沟通，需**截屏留痕**并登记对象名单。

5.3 短视频与直播

- 公开直播间**不得**推介产品；

- 内部或受控直播须**限定受众**、设置入场核验、禁止转发与录屏传播，并全程录制留档。

5.4 线下活动与路演

- 采取**邀请制与签到制**，清单化管理受邀对象；

- 会议资料编号并回收，禁止媒体入场或同步转播；

- 发言人使用**定版讲稿**，即席答问同样受"禁区与边界"约束。

5.5 媒体与第三方平台

- 接受采访或第三方刊发材料，**不得出现具体产品要素与认购信息**；

- 任何公开稿件须经合规审阅并留存底稿与发布链接。

6. 材料管理与版本控制

- 所有推介材料统一走**编号—版本—审批—归档**流程；

- 引用数据标注**来源、日期、口径**；

- 建立**废止清单**，旧版材料禁止继续对外发送；

- 建立发送台账：发送对象、时间、渠道、材料编号、经办人、回执。

7. 投资者准入与"先核验后推介"

- 建立**白名单**：仅对白名单内已完成核验的对象推送材料；
- 合格投资者核验与风险承受能力评估**在前**，推介与签约在后；
- 对机构投资者，收集**内部授权文件**与联系人名单，防止越权签约。

8. 与受托募集机构协作

- 募集服务协议中明确**口径统一、材料共审、发送留痕、违规连带责任**；
- 对受托机构开展**尽职调查与抽查**，抽样复核适当性与回访；
- 任何联合活动按**更严口径**执行，不因"第三方组织"而降低标准。

9. 监测、下架与应急处置

- 建立**舆情与传播监测**：关键词预警、外链巡检、素材复用监控；
- 发现违规或风险传播，立即**下架—澄清—整改**：停止传播→发布更正或澄清→追责与复盘；
- 建立**统一口径**的外部问答，避免二次扩散。

10. 违规后果与追责（概览）

- **行政与自律**：警告、通报、责令改正、限制业务、罚款、市场禁入、注销登记等；
- **民事责任**：投资者主张民事赔偿；
- **内部问责**：对直接责任人、审批人、管理人负责人进行追责与培训整改。

11. 自查要点（简版）

- 是否落实"先核验后推介""先审后发"；

- 是否有**禁区词**敏感词机制与复核记录；

- 官网与公众号是否仅保留通用介绍，无产品要素；

- 线下活动是否邀请制、签到了谁、发放了什么、是否回收；

- 与受托机构是否实现**口径统一**与抽查复核；

- 是否建立**下架—澄清—整改**闭环与责任追究记录。

第3章 资金监管与托管（含监督协议要点）

本章目标：把**募集资金如何进入、如何监管、何时划出、如何对账与披露**讲清楚；并区分**设托管**与**依法依规未设托管**两种路径下的合规要点。

1. 总则与适用范围

- 募集期资金必须进入**募集结算专用账户**，不得与管理人固有资金或其他基金财产混同；

- 管理人应当建立**资金监管机制**，优先采用**托管**；确需未设托管的，应在基金合同中明确**替代保障措施**；

- 资金流转全程应当**可追溯、可对账、可审计**，关键节点在协会报送系统中如实记录并与对外披露一致。

2. 募集结算专用账户（开立、使用、销户）

2.1 开立与权限

- 在银行开立"基金募集结算专用账户"，账户名称与基金名称一致；

- 账户**用印与网银权限**实行分级分权，至少"两人复核、双人授权"。

2.2 使用规则

- 仅用于募集期的**认购、退款、费用代收代付**等；

- 募集结束后，将符合合同约定的募集资金划入**托管账户**或基金运作账户；

- 账户余额清零后**及时销户**，留存开户、变更、销户全套资料。

2.3 认购与退款

- 认购：投资者以其本人或机构名义汇入，附带认购编号或备注，

严禁第三方代付；

- 退款：募集失败、超募退回或资格不符的，按原路径退回并留存**对账单与回执**。

实践提示：建立"**来款识别规则**"（名称、账号、用途、备注），对异常来款实行暂停入账—核验—确认机制。

3. **资金监管机制与监督协议要点**

3.1 **监督机制选择**

- 设托管的，以**托管协议**为核心；

- 未设托管的，应与**监督机构**（银行或符合条件的第三方）签署**监督协议**，或在基金合同中约定等效的**内部控制与外部见证安排**。

3.2 **监督协议关键条款**

- **账户清单**：募集结算专用账户、托管账户（如适用）、基金运作账户；

- **来款核验**：监督机构按照名单与资金用途核验来款来源与备注；

- **划款规则**：明确募集期内资金划款的条件、流程与所需资料（投资者清单、合格核验、合同生效、持有人名册等）；

- **退款流程**：列明退款场景、审批链、时限与凭证；

- **异常处置**：冻结、止付、可疑交易报告、纠纷处理、紧急联系人；

- **资料保存与对账**：对账频率、差错更正、回单与流水留存；

- **责任划分**：管理人、监督机构、托管人（如适用）的职责边界与违约责任；

- **信息保护**：投资者隐私与重要数据的分级、留底与销毁规则。

3.3 **内部配套制度**

- 资金支付审批链、授权名册、白名单打款规则、异常清单与升级路径、印章与网银介质保管、对账与凭证归档。

4. 托管安排（设托管情形）

4.1 托管人的职责

* 基金财产保管、资金清算、估值与信息披露配合、对账与资料保存；

* 对重大异常事项提示管理人并提出处理意见。

4.2 账户与对账

* 托管账户与运作账户的开立与管理；

* **日对账、月核对**与年度对账单；差异项**三日内**说明并更正。

4.3 估值与信息披露配合

* 按约定复核估值方法与底稿，出具对账与复核意见；

* 与管理人同步完成定期与临时信息披露中的资金与净值口径核对。

4.4 托管协议要点

* 账户体系、资金收付、估值复核、异常处理、资料交接与保存年限、费用与报酬、终止与过渡安排。

5. 未设托管的替代保障措施

* 在基金合同中**逐条载明**：

  ○ **资金安全**：双人复核与分级授权、白名单打款、回单留痕、独立对账；

  ○ **估值与审计**：独立估值政策、定期外部审计抽核；

  ○ **资料留痕**：凭证与底稿的目录、编号与保存年限；

  ○ **异常处置**：冻结止付、紧急停机、纠纷解决与争议管辖；

  ○ **投资者告知**：充分揭示未设托管安排与替代措施。

实践提示：未设托管场景务必形成"制度文本—执行证据—投资者知悉"三件套，缺一不可。

6. 资金流转节点（文字流程）

1）投资者认购→募集结算专用账户**入账**→监督机构/托管人核验；

2）达到合同约定条件→**闭募**→资金划入托管账户或运作账户；

3）投资期→按审批链**拨付投资款**，保留合同、付款审批单、回单与项目对账；

4）存续期→管理费、托管费、审计与外包费用**按合同计提与支付**；

5）退出期→投资收回与分配→投资者**分配款**按持有人名册发放→留存分配清单与回执；

6）清算期→结清费用与税费→出具清算报告→销户与资料封存。

7. 对账与披露（同源一致）

- **银行对账**：募集期、投资期、分配期分阶段对账；

- **系统报送**：协会报送系统中的资金数据与银行流水、对账单一致；

- **对外披露**：定期报告中的净资产、费用、分配与资金流水核对一致；

- **差错更正**：发现不一致，立即暂停披露，发布更正并形成差异说明与责任追究。

8. 反洗钱与反恐怖融资核验

- 身份识别与名单筛查、实际控制人与资金来源核验；

- 大额与可疑交易监测与报告；

- 保存客户身份资料与交易记录至法律规定年限。

9. 募集失败、超募与异常处理

- **募集失败**：按合同与法律规定及时足额退回，保留退款清单、回单与投资者通知回执；

- **超募处理**：按合同约定比例或时间顺序退回，披露依据与口径；

- **异常来款**：来源不明、与名册不符、备注缺失的，**暂停入账**并核验；

- **冻结与止付**：司法协助或监管要求的，按指令执行并及时通知投资者。

10. 自查要点（简版）

- 募集结算专用账户是否独立、权限是否分级、是否留痕；
- 是否签署托管协议或监督协议，并逐条可执行；
- 资金划款是否有审批链、凭证与回单；
- 与协会报送系统、对外披露是否**同源一致**；
- 未设托管情形是否具备替代保障措施并充分告知；
- 反洗钱与反恐怖融资制度是否有效运行并留档；
- 募集失败与超募是否在时限内完成退回与披露。

第4章 文件一致性与版本控制
（募集说明文件、合同、风险揭示、回访与名册）

本章目标：把**"文件如何同源一致、谁来管版本、出错怎么纠正"**讲清楚，覆盖募集说明文件、基金合同、风险揭示书、适当性与回访记录、持有人名册及与之配套的系统报送与对外披露。

1. **总则与适用范围**

- 适用于募集阶段及存续期内全部对外与对内的正式文件与记录：募集说明文件、基金合同、补充协议、风险揭示书、投资者告知书、适当性与匹配记录、回访记录、签署文本、持有人名册、退款与分配清单、协会系统报送文本、对外公告等；

- 原则：**真实、准确、完整、及时、同源一致、可追溯**；

- 任何涉及关键要素的修改，须履行**审批—变更—披露—报送**全链条，并形成闭环档案。

2. **文件体系与要素清单（应一致的关键项）**

- **名称与代码**：基金、管理人、托管人（如适用）、监督机构（如适用）；

- **期限与阶段**：募集期、投资期、退出与清算期；

- **投资范围与比例**：行业、区域、项目类型、集中度与限制；

- **估值与净资产口径**：估值方法、频率、重大估值变更的程序；

- **费用与计提**：管理费、托管费、外部服务费、业绩报酬及其计提与分配规则；

- **分配机制**：现金分配顺序、弥补亏损、再投资安排；

- **风险揭示**：流动性、项目失败、估值不确定、利益冲突与关联交易、未设托管时的替代保障；

- **信息披露与报送**：定期与临时披露事项、时限与载体；

- **投资者人数与准入**：合格投资者标准、人数上限、穿透核算口径；

- **退伙与退出**：持有人退出、基金展期、清算与终止程序；
- **争议解决与法律适用**。

实践提示：建立"关键要素对照表"，以基金合同为基准，逐一核对募集说明文件、风险揭示书、投资者文本与协会报送字段。

3. 同源一致机制（四个一致）

- **文本一致**：所有对外文本与签署文本之间不出现条款、金额、比例、期限的差异；
- **数据一致**：净资产、管理资产规模、投资者人数、费用计提、分配金额在各渠道一致；
- **时间一致**：披露、报送、公告与工商登记的时间顺序一致；
- **口径一致**：指标定义与计算方法一致，若发生调整，须说明原因与影响并留痕。

4. 版本控制制度

- **编号规则**：统一采用"文种—基金简称—日期—版本号"的命名；
- **审批链**：经办起草→法务合规复核→负责人签发→归档；
- **更新记录**：每次修订标注修订要点，保留前后对照；
- **废止清单**：列明废止文件编号与日期，防止旧版误用；
- **材料发送台账**：对象、时间、渠道、文件编号、经办人、回执。

5. 变更管理与更正流程

- **触发情形**：涉及关键要素的修改、错漏字可能导致实质误解、监管或协会口径更新需要同步调整等；
- **操作路径**：内部审批→通知投资者→在协会系统变更报送→对外公告或向投资者披露→留存回执与系统回执；
- **差错更正**：立即暂停使用旧版，发布更正说明并在所有渠道同步更新，形成差异说明与责任追究；

- **对外同步**：协会公示、公告、官网、工商信息保持一致，不得前后矛盾。

6. 适当性、回访与名册管理（与文件一致）

- **适当性与匹配记录**：与募集说明文件、风险揭示书的风险等级一致，理由说明与签名齐备；

- **回访记录**：核对关键风险点、杠杆与流动性、费用与退出机制，与签署文本一致；

- **持有人名册**：姓名或名称、证件类型与号码、份额与金额、联系方式、送达地址等信息与签署文本与资金凭证一致；

- **变更管理**：投资者信息变更应形成变更申请、核验与确认留痕，并及时更新名册；

- **隐私与数据保护**：对个人信息与重要数据分级保护，访问权限与出具规则严格控制。

7. 系统报送与托管对接（同源校验）

- **协会系统**：报送字段与对外文本一致，保留报送回执；

- **托管与监督机构**：对账单、回单、分配清单与披露文本一致；

- **银行与工商**：开户资料、变更登记与公告信息一致；

- **差异闭环**：一旦发现差异，按"暂停—核对—更正—公告—追责"闭环处理。

8. 高风险场景与防控

- 多版本并行流转、过期材料继续对外使用；

- 募集说明文件与合同条款不一致；

- 回访记录与签署文本不一致、风险提示不充分；

- 名册与资金路径不匹配、存在代持或分拆迹象；

- 协会报送与对外披露数字不一致；

- 废止清单缺失、版本难以追溯。

实践提示：设置"关键字段锁定"，修改需二次审批；设置敏感词与数值阈值预警，防止错填与口径漂移。

9. 自查要点（简版）

- 是否建立关键要素对照表并定期核对；

- 是否有统一编号、版本与废止清单；

- 变更与更正流程是否可追溯且在各渠道同步到位；

- 适当性、回访与名册是否与文件一致，送达留痕是否完整；

- 协会报送、托管对账与对外披露是否同源一致；

- 是否对高风险场景设立预警与抽查机制。

第四编 投资与运作

第 1 章 股权/创投基金通用规则

本章目标：把"**投什么、怎么投、投后怎么管、怎样退出**"做成合规与运营可执行的闭环。

1. 适用范围与基本原则

- 适用于以股权与准股权为主要投资方式的股权基金与创业投资基金；

- 基本原则：依法合规、信息对称、风险自担、审慎经营、受托管理、利益冲突防控、投资者公平对待；

- 合同优先：一切操作以基金合同与合伙协议为锚，涉及重大偏离须依法履行审议、披露与报送程序。

2. 投资决策与权限边界

2.1 决策链条

立项（项目登记与冲突校验）→ 尽职调查（法律/财务/业务/税务/信息安全）→ 预审（合规审查与估值初步意见）→ 投资委员会表决（回避与记录）→ 协议定版与条件谈判→ 审批与签署→ 交割与信息报送。

2.2 回避与记录

- 涉及关联关系、潜在利益冲突的人员必须回避；

- 形成完整的会议纪要、表决底稿与不同意见记录；

- 关键条款变更需再次审议或以书面方式复核。

实践提示：把"重大事项清单"固化到投委会规则中（增资、表决权安排、回购与对赌条款、担保与质押、并表风险、税务结构等）。

3. 投资范围与禁止性情形

- 严格按照基金合同约定的行业、阶段、地域、工具与比例进行投资；

- 负面清单：

1）公开或变相公开募集形成的资金池或体外循环；

2）承诺保本保收益、以名义股权掩盖借贷的"明股实债"；

3）未履行必要审批或安全审查的敏感行业或特殊交易；

4）超越人数或准入门槛的投资安排；

5）以多层嵌套规避监管、利益输送或规避关联审议的安排；

6）与合同约定不符的高杠杆、对外担保与违规资金占用。

4. 交易结构与资金安排

4.1 方式选择

- 直接增资、老股转让、增资与老股转让结合、可转换工具等；

- 结构选择以治理权匹配与退出通道为核心，避免形成固定回报或保底回购的效果。

4.2 条款边界

- 回购：不得构成对基金收益刚性兑付；触发应基于违约或约定事件，价格形成机制应当公允；

- 对赌（估值调整）：应当与经营目标相绑定，避免对本金与固定收益作出保证；

- 表决权与董事席位：与持股比例与角色相匹配，保留重大事项的一票否决条款需有明确清单与边界；

- 优先权：优先分配、反稀释、优先认购、共同出售、随同出售等需与公司章程与股东协议一致，避免与法律强制性规定冲突。

4.3 资金使用与监管

- 约定专户或受托监管条件，明确用途清单与拨付流程；

- 重大资金用途变更需经同意并留痕；

- 交割前提条件包括：工商变更文件、章程修订、担保或质押办理、关键证照到位。

5. 合同与法律文件（要点）

- 投资协议、股东协议、增资协议或股权转让协议、章程修订案、董事与监事更换文件；

- 资金监管或托管安排、保证与质押文件、反舞弊与合规承诺、信息披露与保密协议；

- 交割清单与时间表、先决条件与解除条款、违约责任与争议解决；

- 监管或法定程序：经营者集中申报、国资审批、外资安全审查、特许经营许可等（按项目实际适用）。

6. 尽职调查与合规核验

6.1 法律与治理

- 历史沿革、股权结构与一致行动安排、重大合同、对外担保与或有负债、知识产权、涉诉与处罚、合规体系与内部控制。

6.2 财务与税务

- 收入真实性与成本完整性、存货与应收、现金与资金流水、资产减值、税收合规与优惠适用、历史分红与资金占用。

6.3 业务与技术

- 核心产品与商业模式、客户与供应商集中度、资质牌照、研发与信息系统安全；涉及数据与个人信息处理的，审查合规基础与整改计划。

6.4 其他核验

- 实际控制人与管理层背景、过往对赌安排、同业竞争与关联交易、环保与安全生产、重大依赖风险。

实践提示：对新质生产力与高技术类项目，增加对数据合规、算法与关键技术可得性的专项核查。

7. 投后管理与治理参与

- 设立投后负责人与例会机制，获取经营、财务与重大事项月度或季度报告；

- 参与治理：董事席位、观察员、重大事项清单与表决机制、预算与重大投资计划审议；

- 监控业绩承诺与关键指标，必要时触发专项审计、限制性条款或纠偏计划；

- 资金用途监督：专户对账、重大支出单据抽查与现场核验；

- 信息披露：将被投企业信息纳入基金定期与临时披露口径，保持一致与留痕。

8. 估值与减值

- 建立估值政策：在成本法、可比公司法、收益法等方法中择优或综合使用；

- 重大事项触发重估：融资、并购、经营恶化、重大减值迹象、核心技术或牌照发生变化；

- 设置估值复核与外部评估机制，形成底稿与工作记录；

- 审慎计提减值并说明依据，保持与披露口径一致。

9. 关联交易与同业竞争

- 识别关联方范围：基金管理人及其关联方、其他受同一控制的基金、被投企业关联方等；

- 审慎程序：事前披露、回避表决、第三方评估或市价比对、必要时征求投资者意见；

- 防止利益输送与业绩调节，严禁以不公允价格实施关联交易。

10. 集中度与比例管理

- 单一项目、单一行业、单一交易对手的内部限额管理；

- 轮次与阶段分布的结构平衡，避免集中于早期或单一赛道导致的流动性与退出风险；

- 跨基金协同投资时，明确配比、价格与条款一致性，避免厚此薄彼。

11. 退出路径与前置策划

- 首次公开发行并上市：按注册制规则设计时间轴，了解锁定安排与减持限制；

- 并购退出：交易监管、反垄断与产业政策审查；

- 股权回购或第三方受让：合规边界与价格公允；

- 挂牌交易：在符合条件时选择适当的交易平台与路径；

- 在投资时即形成**退出预案**与里程碑，定期复盘与修正。

12. 重大风险与禁止清单（自查）

- 以股权名义提供固定回报或保底；

- 资金回流、体外循环或被投企业替基金埋单；

- 未经审议或披露的重大条款变更；

- 未完成必要审批或安全审查即实施交易；

- 关联交易未走审慎程序；

- 估值随意、披露与账实不符。

13. 文档与档案管理

- 一项目一卷宗：立项、尽调、投委、法律文件、交割材料、资金凭证、投后报告、估值底稿、退出与清算材料；

- 电子与纸质并行，采用统一目录、编号与检索规则；

- 关键印章、证照与重要介质的保管登记与使用记录。

14. 常见问答（精简版）

问1：对赌条款是否一定违规？

答：不当然违规。关键在于不形成保本保收益或刚性兑付，触发条件与价格机制要公允、可验证，并与公司治理和经营目标一致。

问2：回购安排何时可以使用？

答：用于违约或特定事件的救济可考虑，不能作为固定收益工具；价格与期限需合理，且不得以被投企业资金间接承担回购义务。

问3：多基金共同投资如何避免利益冲突？

答：事前制定分配与定价规则，披露条款一致性；投委会与合规进行交叉监督，必要时引入第三方评估。

问4：估值需要外部评估吗？

答：重要节点与重大事项建议引入外部评估或复核；平时以内部估值为主，但应建立方法、参数与数据来源的底稿体系，可被复核与审计。

第2章 行业政策与合规负面清单

本章目标：建立"**投前政策筛查—投中结构合规—投后持续管控—退出审核要点**"的一体化路径，帮助在行业差异化监管下做出可执行的合规判断。

1. 适用范围与判断思路

- 适用于股权与创业投资基金在境内开展的投资活动（含增资、老股转让、并购重组等）。

- 判断思路：

1）看**主体身份**（民企、国资、外资、公众公司）；

2）看**行业属性**（是否涉及特许经营、重要数据、金融属性、公共安全与民生领域）；

3）看**地域与园区政策**（自贸区、开发区、特殊监管区域）；

4）看**交易路径**（直接持股、间接持股、协议控制安排、跨境结构）。

实践提示：先做"行业—牌照—审批—审查"四件套预判，再讨论估值与交割时点。

2. 投前政策筛查总框架

- **准入与资质**：是否触及行业准入、资质或特许经营许可；

- **竞争与集中**：是否触发经营者集中申报或行业集中度限制；

- **安全与数据**：是否涉及国家安全审查、网络安全等级保护、个人信息与重要数据处理、数据出境；

- **外资与跨境**：是否涉及外商投资准入负面清单、外资安全审查、外汇管理、税收安排；

- **环保与安监**：是否涉及环评、排污许可、安全生产与危化品管理；

- **价格与医保**（如涉医药医疗）：是否涉及价格管理、医保目录、带量采购等政策影响。

3. 四大门槛：必核问题

3.1 行业准入许可

- 涉及金融、教育、医疗、广电出版、能源矿产、测绘与地图、特种设备、互联网新闻与出版、游戏、增值电信等领域的，需核对是否具备或可取得相应许可证照与资质。

3.2 经营者集中申报

- 交易一方或多方在国内达到一定营业额或市场份额的，关注是否需要履行经营者集中反垄断申报；
- 对"同一控制下内部重组"与"带有控制权变化的股权转让"区别对待，形成书面判断。

3.3 国家安全与社会稳定相关审查

- 涉及军工、重要能源资源、重大装备、重要信息基础设施、金融基础设施、重要农产品等领域，评估是否触发安全审查；
- 对涉及民族、宗教、文化安全与舆论导向的内容型企业另行审慎。

3.4 外资与跨境

- 如存在外资背景或跨境安排，核对是否涉及外商投资准入负面清单、外资并购安全审查、外汇登记与资金跨境流动合规。

4. 重点行业合规要点与负面清单（按领域）

4.1 金融与类金融

- 关注：是否构成吸收公众存款、非法集资、未经许可的放贷、支付结算、证券期货业务、资产管理与代客理财等；
- 负面清单：资金池、期限错配、高杠杆通道嵌套、变相刚性兑付、以"咨询费""信息撮合费"名义变相放贷、无牌照宣传与代销。

4.2 教育与培训

- 关注：办学资质、办学内容与属性（义务教育学科类受严格限制）、收费与广告合规、未成年人保护；

- 负面清单：以科技或素质名义变相从事被限制的学科培训、无证办学、在校内外违规招生与承诺升学。

4.3 医疗健康与医药器械

- 关注：医疗机构执业许可、医生资质与入网规则、药械注册与经营许可、临床试验合规、学术推广与合规营销、医保支付与价格政策；

- 负面清单：挂证行医、走票走量回扣、未审批的临床或真实世界研究、无证经营、虚假或夸大疗效宣传。

4.4 互联网与数据

- 关注：网络安全等级保护备案、个人信息与重要数据处理、数据出境合规、未成年人保护、算法与内容合规、网络文化与出版许可；

- 负面清单：未备案即开展数据采集与高频处理、超范围收集个人信息、明示同意缺失、未履行数据安全评估即向境外提供数据、以协议控制安排规避许可而缺乏合规支撑。

4.5 人工智能与智能网联

- 关注：算法安全与训练数据来源合规、自动驾驶道路测试许可、关键软件与传感器的合规采购与出口管制影响；

- 负面清单：使用来源不清的数据集、绕开道路测试管理在开放道路开展测试、对外提供涉及重要数据的模型输出而无安全评估。

4.6 文化传媒与游戏

- 关注：出版发行许可、版号与内容审查、广告合规、网络直播与短视频平台规范、未成年人保护与消费限额；

- 负面清单：无版号上线运营、境外版本返流内测变相上线、以充值返现等方式诱导未成年人过度消费、违反广告与内容规范。

4.7 能源与资源、环保与安监

- 关注：矿权、探采许可、能耗与碳排指标、排污许可、危险化学品与危废管理、安全生产许可与双重预防机制；
- 负面清单：未批先建、环评走过场、超能力生产、危险作业外包规避监管、监测数据造假。

4.8 房地产与基建

- 关注：土地取得合规、项目公司资质、预售条件、资金监管、工程总承包与分包管理、保障性住房相关政策；
- 负面清单：土地违规流转、挪用预售监管资金、通过关联方变相高周转加杠杆、虚假工程量与结算。

4.9 国防军工与重要装备

- 关注：涉密资格、保密管理体系、军工认证、武器装备科研生产许可、出口管制与特种物项合规；
- 负面清单：涉密信息外包、未经许可接触受控图纸或软件、通过境外渠道获取敏感部件规避审批。

4.10 跨境电商与进出口

- 关注：海关监管、检验检疫、原产地与合规标识、税收与退税、制裁与出口管制合规；
- 负面清单：瞒报漏报、错报税则、虚假申报获取退税、向受限制地区或主体出口受控产品。

5. 地方性政策与区域差异

- 自贸区、开发区可能有**差异化准入与便利化措施**，但不得突破上位法；
- 地方补贴、税收优惠与产业资金需核查合规性与兑现条件，避免对赌性质或合规风险；
- 重大项目应评估地方政府信用与政策持续性。

6. 投中结构合规要点

- **持股路径**：直接持股优先，涉及多层穿透或协议控制安排的，需论证合规必要性与稳定性；

- **表决权与控制权**：对重要基础设施、敏感数据或特许经营行业，谨慎安排控制权与一票否决；

- **国资与公共资本参与**：遵守内部授权、审议程序与信息公开要求；

- **跨基金协同**：避免同一集团基金之间的条款不一致与利益输送；

- **资金用途**：对限制性用途（并购、土地、金融投资等）要有专项监管措施与资金流向证明。

7. 投后持续管控

- **许可与资质**：按时续期或变更，重大事项触发即报；

- **数据与信息安全**：建立数据分级分类、对外提供审核与日志留存，重要数据和个人信息的出境行为严格审批；

- **环保与安监**：定期体检与专项排查，紧急预案演练；

- **广告与营销**：对医疗、金融、教育等敏感行业的宣传材料实行预审；

- **重大合同与担保**：建立合规门槛与报告制度，防止被投企业越权对外担保或变相融资。

8. 退出审核的政策关注

- **上市退出**：按注册制要求准备信息披露与合规整改，关注行业特定审核要点（数据安全、医药合规、游戏版号等）；

- **并购退出**：如触发经营者集中申报或安全审查，提前预判时间窗口；

- **回购与转让**：价格公允、信息披露与关联审议程序合规；

- **挂牌交易**：符合交易平台的适当性与信息披露要求。

9. 自查要点（简版）

- 是否完成"行业—牌照—审批—审查"的投前四件套判断；
- 是否形成对外资、跨境、数据与安全的专项评估；
- 是否就协议控制安排、控制权与一票否决进行合规论证；
- 被投企业的许可、数据、环保与安监是否建立持续监测；
- 退出路径是否与行业审核要点匹配，时间轴是否留足缓冲。

10. 常见问答（精简版）

问 1：没有牌照能否先投后办？

答：应审慎。涉及特许经营或强监管行业，先投后办存在被定性为违规经营的风险，宜以取得或明确可取得为前提，或设置交割前提与对赌条款。

问 2：协议控制安排是否一定不可行？

答：并非绝对禁止，但需结合行业性质、监管口径与稳定性评估，并做好信息披露与风险揭示，避免以规避监管为目的的形式安排。

问 3：跨境数据问题如何把握？

答：识别数据类型，涉及个人信息或重要数据的对外提供，要按现行规则履行评估、合同或备案程序，并做好最小必要与去标识化处理。

问 4：经营者集中申报会拖慢退出吗？

答：可能影响时间表。需在立项阶段预判是否触发，尽早准备材料并在交易文件中预留申报与审查的时间与不成就条款。

第 3 章 不动产私募投资基金

本章目标：在"**资产识别—交易落地—运营增值—退出回收**"全链条中，给出不动产私募投资基金的合规与操作要点。

1. 定义与适用范围

- 本章适用于以投资不动产及其权益为主要方向的私募基金，包括：

  ○ **股权类**：投资项目公司股权、并购持有型资产、股权并购与增资；

  ○ **准股权类**：可转换条款或附回购安排的投资工具（不得形成保本保收益效果）；

  ○ **资产盘活类**：对存量商业、办公、物流园区、产业园、数据中心、租赁住房、长租公寓等资产进行收并购与运营管理。

- 不动产开发建设、持有运营、资产处置等环节，需分别遵守相关法律法规与自律规则。

实践提示：明确基金投资范围、比例限制、杠杆边界，与基金合同逐条对齐，涉及开发类业务的，应在合同中增加建设期风险披露与资金用途清单。

2. 投资策略与目标资产

- **开发类**：产业园区、租赁住房、物流仓储、文旅与商业更新等；强调拿地合规、项目审批与建设管理。

- **持有运营类**：已稳定运营或可短期稳定的商业、办公、物流仓储、数据中心、冷链、园区资产；强调现金流与租约质量。

- **城市更新与存量改造**：旧改、工改工/工改商、存量商业改造；强调规划、消防、能耗与环保合规。

- **特殊场景**：保障性租赁住房、产业导入型园区，与政府合作项目需谨慎评估边界与责任。

3. 募集与投资者适当性

- 以**机构投资者为主**，自然人投资者需符合更严格的风险识别与承受能力要求；

- 宣传推介坚持**非公开原则**，不得以收益稳定、保底回购等方式误导；

- 单只基金**投资者人数**与**最低认购**遵循现行规则与合同约定；

- 对通过产品或通道持有份额的投资者，应**穿透识别**实际出资人或按机构口径审慎处理并留痕。

4. 交易结构与持有载体

- **项目公司并购**（收购股权）：关注权属、负债与或有事项，办理工商变更与章程修订；

- **资产直接收购**：签署资产转让合同，办理不动产登记，核对税费与价税分离；

- **增资与老股转让结合**：平衡进入价格、用途与治理权；

- **分层结构**：引入优先级资金或债务时，避免形成**固定回报**或**隐性兜底**；

- **特殊目的载体**：以项目公司作为持有主体，做到**一资一档、一项一账**，减少风险传递。

实践提示：在交易文件中设置交割前提条件清单：权属无瑕疵、抵押与查封解除、规划与许可以及关键租约确认、税费测算与资金安排落地。

5. 权属与土地合规核查（必做）

- **土地取得**：出让/划拨/租赁/转让来源、出让合同与补充协议、地价缴清、年限与用途；

- **规划与许可**：国土空间规划、用地规划、总图审查、建设工程规划许可证、施工许可证、竣工验收与不动产首次登记；

- **限高限容与用途管制**：容积率、建筑密度、绿地率、停车指标、配建要求；

- **查封抵押与他项权利**：抵押、质押、地役权、查封与预告登记情况；

- **历史合规**：五证是否完整、是否存在违法建设与处罚未了事项。

6. 开发类项目与持有运营类的差异管理

开发类

- **建设期三控**：**进度、质量、成本**；

- **预售监管**：预售许可、监管账户、资金使用范围与拨付流程；

- **工程管理**：总承包与分包合规、招投标与合同、工程价款结算、农民工工资与专户、工程保险。

持有运营类

- **租约核查**：租期、租金递增、免租期、违约与解约条款、承租人信用与保证金；

- **运营指标**：出租率、平均租金、运营费用、维修与资本性支出计划；

- **物业与安全**：消防、特种设备、物业服务、能源与碳排管理。

7. 资金监管与账户体系

- 募集期资金进入**募集结算专用账户**，存续期资金进入**托管账户或运作账户**；

- 开发类严格执行**监管账户**与专款专用，工程款支付与变更需按审批链与合同拨付；

- 租金与其他经营性收入应实现**应收—实收—分配**全链路对账；

- 未设托管的，应在基金合同中明确**替代保障措施**（双人复核、白名单打款、回单留痕、独立对账、外部审计抽核）。

8. **估值与净值管理**

- **方法选择**：成本法、市场比较法、收益法（折现现金流）综合使用；

- **触发重估**：重大租约变更、空置率显著变化、行业估值波动、重大资本性支出、政策变化；

- **评估与复核**：重要节点引入第三方评估，管理人进行方法与参数复核，底稿可追溯；

- **披露一致**：估值口径与定期报告、协会报送、托管对账保持一致。

9. **融资与杠杆边界**

- 严格区分**基金层面**与**项目公司层面**负债，遵守合同与现行规则对杠杆比例与用途的限制；

- 禁止以股权投资名义变相**固定收益**或**保底回购**；

- 可合规使用的融资工具包括：项目公司贷款、并购贷款、经营性物业抵押融资等；引入外部资金应避免形成**资金池与期限错配**。

10. **税费与票据管理（要点）**

- 交易环节税费：增值税及附加、契税、印花税、土地增值税（资产转让时重点关注）、企业所得税；

- **股权转让与资产转让**税负差异对比，选择更优路径；

- **价税分离**与发票开具：租金与物业费、工程款结算、资本性支出形成固定资产或在建工程的会计与税务处理；

- 关注地方税收优惠与备案程序，防止形成合规争议。

11. **环保、安监与合规运营**

- 消防验收与安全管理、特种设备登记与检验；

- 环境影响评价、排污许可、噪声与固废管理、节能评估与能耗双控；

- 信息与数据安全：数据中心等资产需落实网络与数据合规要求；
- 运营合规台账：检查记录、整改闭环、保险方案与应急预案。

12. 政府合作与保障性租赁住房

- 与政府平台合作的园区、保障性租赁住房等项目，应明确**权责边界、补贴方式、绩效考核与退出机制**；
- 租金定价、租赁补贴、税费优惠与监管指标应在合同中固化；
- 防范"以政府信用背书收益"的误导性宣传，按事实披露风险与不确定性。

13. 关联交易与利益冲突防控

- 与开发商、运营商或关联平台之间的交易，须**事前披露、回避表决、价格公允**；
- 同一管理人旗下多只基金共同投资或相互交易，条款应**一致且可说明**；
- 禁止通过复杂结构向关联方**输送利益**或调节业绩。

14. 退出路径与资料准备

- **资产出售**：整体出售或分割出售，准备权属、估值、租约、维修与资本支出记录；
- **并购重组**：引入战略投资者或资产并表，关注经营者集中申报与信息披露；
- **不动产投资信托化**：在符合条件的情况下，按相关规则筹备底层资产标准化、经营稳定性与信息披露，作为市场化退出通道之一；
- **股权回购或第三方受让**：合规边界与价格公允，严禁固定回报。

15. 高风险与禁止清单（自查）

- 明股实债、承诺保本保收益、实际形成固定收益安排；
- 权属瑕疵、查封抵押未解、五证不全即开工或交割；
- 违规占用预售监管资金、工程款支付无审批链；

- 租约集中度过高、对单一承租人过度依赖且无替代；
- 估值口径随意、披露与账实不符；
- 以政府平台或政策名义进行误导性宣传；
- 关联交易未走审慎程序或价格不公允。

16. 档案与信息披露要点

- 交易与权属：合同、出让与登记材料、规划与许可、查封抵押证明；
- 资金与对账：监管与托管账户、拨付与回单、工程结算与发票；
- 运营与租约：招商方案、租约与回访、运营费用与维修台账；
- 估值与报告：评估报告、方法与参数复核、定期与临时信息披露底稿；
- 环保与安监：验收与检测、事故与整改记录；
- 政府合作：合同、补贴与绩效考核、审计与验收资料。

17. 常见问答（精简版）

问1：开发类项目是否适合放入持有运营型基金？

答：可审慎配置，但需在合同中明确建设期风险、资金用途与监管安排，并设置完成节点作为投资条件，防止建设期风险外溢。

问2：如何判断是否构成"明股实债"？

答：看是否存在固定回报、保底回购、刚性兑付、劣后方实际承担全部风险等特征；一旦具备上述特征，即可能被认定为变相债务融资。

问3：不动产投资信托化是否适用于所有持有型资产？

答：并非如此。通常要求权属清晰、经营稳定、现金流可预测、信息披露可持续，且需满足存续期、租约结构与经营指标等条件。

问4：租金收入与物业费如何在税务与会计上处理？

答：应当价税分离、发票分类开具；物业费与租金分开核算，资本性支出与费用化支出区别处理，并与税务申报一致。

第4章 国资出资/关联交易/防利益冲突

本章目标：聚焦**国资出资**、**关联交易**与**利益冲突防控**三大模块，目标是把"谁能投、怎么投、怎么回避、怎么证明公允"讲清楚。

1. **适用范围与基本原则**

- 适用于股权与创业投资基金在**引入国有出资人**、发生**关联交易**或存在**潜在利益冲突**的全流程管理。

- 基本原则：**依法合规、公开透明、事前审议、从严回避、公允定价、信息同源**（合同—报送—披露一致）。

2. **国资出资的合规要点**

2.1 **出资主体与授权**

- 核验出资人性质（国家出资企业、国有资本运营平台、财政出资等）与**内部授权链**（董事会/出资人代表/党委会决策）。

- 取得**出资决策文件**与**资金来源说明**，明确绩效考核与合规边界。

2.2 **出资方式与条款**

- 明确**出资目标与限制**（投资范围、比例、期限、约束性指标）。

- 对管理费、业绩报酬、重大事项表决、投后信息获取等条款提前对表，避免与国资监管要求冲突。

2.3 **信息公开与监督**

- 按国有资本管理相关要求执行**公开、公示或备案**；

- 涉及**三重一大**事项（重大事项决策、重要干部任免、重大项目安排及大额度资金运作）依法履行程序并留痕。

2.4 **定价与公允**

- 引入国资作为劣后或特殊条款安排时，重点论证是否构成**利益输送**或**变相保底**；

- 对关键条款进行第三方评估或**市价比对**，形成书面公允性说明。

2.5 混合所有制与增资扩股

- 涉及被投企业**混改**或国资股权变动的，关注评估、进场交易与信息公开流程；

- 防止通过特殊约定形成**事实控制**而未披露或未经审议。

实践提示：与国资方签署信息共享与保密协议，在满足监管信息公开的同时，明确商业秘密与未公开重大信息的保护边界。

3. 关联方识别与范围

- 以**穿透至自然人的最终受益所有人**为边界识别关联关系；

- 常见关联方：管理人、管理人股东及其控制的企业；同一集团内其他基金或管理平台；被投企业及其控股股东、实际控制人及关联企业；提供服务的**托管、审计、律师、估值**等与管理人存在关联关系的机构；基金销售与渠道与管理人存在利益关系的情形。

实践提示：建立关联方名录与动态更新机制（人员变动、股权变更、合作服务新增），在投前系统自动校验冲突。

4. 关联交易的审慎程序

4.1 事前披露与回避

- 投委会、合伙人会议或投资者大会中，对涉及关联方的议题**强制披露**并回避表决；

- 形成会议纪要、回避清单与不同意见记录。

4.2 定价公允与外部证明

- 采取**第三方评估、可比交易、公开竞价**或**市价比对**；

- 保留估值方法、参数与来源，形成**公允性说明**。

4.3 程序与时限

- 明确**提报—合规预审—披露—回避—表决—公示/报送**的时间轴；

- 重大关联交易按规定在协会报送平台完成信息报送，并与对外披露保持一致。

4.4 合同与付款

- 合同中单列"**关联关系说明**""**回避与审议**""**公允性基础**"；

- 付款与结算走**独立账户**与审批链，避免账实不符。

5. 利益冲突防控框架

5.1 信息与人员隔离

- 建立**信息防火墙**：项目库、估值底稿、投资者信息分级管理；

- 关键岗位（投资、合规、估值、销售）**不得一岗多责**或交叉任职。

5.2 多基金协同与配比

- 明确同一管理人旗下**多只基金共同投资**的**配比规则、定价原则与费用分摊**，防止厚此薄彼；

- 严禁以先行投资/跟投安排**转移收益或风险**。

5.3 费用与激励

- 管理费、咨询费、渠道费等**来源、计算与支付**透明可追溯；

- 禁止"返现、返点、回扣"性质的隐性激励；

- 外包与服务机构费用**市场化定价**并进行比价或询价。

5.4 禁止行为

- 以不公允价格向关联方转移资产或机会；

- 以咨询、顾问名义向关联方**变相输送利益**；

- 通过**代持、分拆**等规避人数或门槛；

- 以**保底回购、固定收益**安排掩盖股权风险。

6. 与受托募集与服务机构的冲突管理

- 与受托募集机构签署协议时，明确**口径统一、材料共审、留痕与抽查**；

- 对审计、法律、估值等服务机构若与管理人或被投方存在关联，应当**信息披露与更换回避**，必要时引入**独立第三方复核**。

7. 披露与报送要求

- 在募集说明文件与基金合同中**明示**关联交易与利益冲突的识别、审议与披露机制；

- 在定期与临时信息披露中，对**已发生的关联交易**列示金额、对手、定价与审议程序；

- 协会报送与对外披露、工商信息之间**时间与口径一致**。

8. 自查要点（简版）

- 是否建立**国资出资**授权链与信息公开清单；

- 是否形成**关联方名录**并可动态更新；

- 是否对关联交易执行**披露—回避—公允性证明—报送**全流程；

- 是否建立**多基金协同配比**与**费用分摊**规则；

- 是否设置**信息防火墙**与权限矩阵；

- 披露与报送是否同源一致，证据链是否完整。

9. 典型风险与整改路径

- **国资劣后或隐含兜底**：立即整改条款，改为市场化风险共担与收益匹配，补充公允性证明；

- **绕开回避程序**：补行决议并披露，建立强制触发与问责；

- **费用不透明**：清理历史费用，建立比价与公示机制，追溯调整；

- **多基金同标的条款不一致**：统一口径或披露差异原因并经投资者同意；

- **资料留痕缺失**：补录底稿与回执，建立台账与编号规则。

10. 常见问答（精简版）

问1：国资要求固定分配或保底回购是否可行？

答：不宜。容易被认定为**固定收益或刚性兑付**，与股权基金风险自担原则冲突，可改为**市场化优先分配**但不得保底。

问 2：管理人参投或跟投算关联交易吗？

答：通常构成关联安排，应在基金合同中**明示比例、价格与退出规则**，并在项目层面说明**同条同价**与回避程序。

问 3：同一集团两只基金共同投资，如何证明未厚此薄彼？

答：在投前形成**配比规则与定价原则**，投后披露各自投资额、价格与条款一致性，必要时由第三方评估或审计出具意见。

问 4：服务机构与管理人存在股权关系还能继续聘用吗？

答：应**优先更换**为独立机构；确需继续使用的，应披露关联关系，设置**隔离与复核**，并由另一家独立机构进行**交叉复核**。

第 5 章 投后管理与治理参与

本章目标：把"**投后怎么盯、用什么权力、管到什么度、出了问题怎么办**"讲清楚，形成"治理参与—经营监控—合规风控—退出准备"的闭环。

1. 角色与边界

- **管理人—基金—被投企业**三线分工：
  - 管理人：受托管理、信息整合、合规把关与披露；
  - 基金：依据基金合同行使投资者权利；
  - 被投企业：依法独立经营与信息披露义务。
- **介入边界**：不替代经营班子，不越权指挥日常经营；对触发"重大事项清单"的事项行使否决或同意权。

实践提示：在投资协议与股东协议中将"权责—流程—留痕"写清楚，避免投后执行无据可依。

2. 治理参与方式与清单

2.1 董事席位与观察员

- 依据持股比例与谈判结果安排董事席位或观察员；
- 明确权责：提案权、信息获取权、会议资料提前期、紧急会议机制；
- 回避制度：涉及关联事项、利益冲突的董事回避表决。

2.2 保留事项（示例）

- 章程或股东协议中列明：重大投资与并购、对外担保与借款、资产处置与对外投资、利润分配政策、股权质押与重大人事、股权激励方案、关联交易、信息披露与审计机构更换等。

2.3 信息权与审计权

- 约定**月度经营数据、季度财务报表、年度审计**及专项审计触发条件；

- 规定**数据口径与报送时点**，与基金披露口径保持一致。

3. 投后报告与指标体系

- **经营指标**：收入、毛利、期间费用、现金流、应收与存货周转、订单与产能利用率；
- **治理与合规指标**：董事会召开次数、保留事项执行、重大合同审查、关联交易披露、数据与信息安全、环保与安监整改进度；
- **项目里程碑**：新产品/新资质、关键客户、重大投融资进展；
- **频率与时点**：月度快报、季度报告、年度总结；
- **口径统一**：投后报告与基金定期披露、协会报送、托管对账使用同一口径。

实践提示：设置**预警阈值**（示例：经营性现金流连续两期为负且应收周转天数上升等），触发**专项复盘—整改计划—跟踪闭环**。

4. 资金使用与资金安全

- 重大支出与预算管理：超预算或单笔达到阈值的，需走保留事项审批；
- 支付链条：申请—审批—付款—回单留存—对账；
- 账户管理：限制非经营性借款与对外担保；
- 严禁以被投企业资金**承担基金或管理人费用**；
- 对资金占用、异常往来、体外循环零容忍，出现苗头立即审计与纠偏。

5. 合同承诺与约定执行

- **业绩承诺与估值调整条款**：跟踪经营指标与纠偏措施，避免形成**保本保收益**效果；
- **回购安排**：仅作为违约或特定事件救济，按合同约定触发与定价，杜绝刚性兑付；

- **股权激励**：与经营目标绑定，审查行权条件与稀释安排，避免损害中小股东。

6. 重大事项触发与决策流程

- 触发器示例：再融资或股权转让、重大并购与出售、对外担保与重大借款、股权质押、核心管理层重大变动、重大诉讼仲裁、重大安全事故或数据安全事件、政府补贴与重大政策变化；

- 流程：提案—合规预审与风险评估—董事会/股东会表决（必要时投资者同意）—信息披露与报送—执行—复盘。

7. 关联交易与同业竞争控制

- 识别范围：管理人、同一集团其他基金或平台、被投企业及其控股股东与关联企业、关键管理层的关联企业；

- 程序：事前披露、回避表决、公允定价证明、合同与付款留痕；

- 监督：定期抽查与第三方审计，重大异常专项审计。

8. 数据与信息安全（涉及互联网与数据密集型企业）

- 数据分级分类、最小必要原则、访问权限与日志；

- 个人信息与重要数据处理规则、对外提供与出境审批；

- 重大变更（系统迁移、算法规则重大调整）视同重大事项，走审议与披露程序。

9. 环保与安全生产（涉及制造、能源、基础设施等）

- 证照与许可：环评、排污、能源指标、特种设备；

- 双重预防机制与隐患排查台账；

- 事故报告与整改闭环，重大事故立即触发专项审计与披露。

10. 多基金协同与利益冲突防控

- 同一管理人旗下多只基金共同投资或后续轮次加投：事前明确配比规则、定价原则与费用分摊；

- 不得厚此薄彼，条款保持一致或披露差异与理由；

- 建立**信息防火墙**与权限隔离，避免敏感信息交叉使用。

11. 国资或公共资金参与的特别要求

- 按授权链路履行重大事项审议，落实**公开与信息报送**要求；

- 按约定报送绩效指标与专项审计配合材料；

- 谨慎处理"增信"诉求，避免形成**隐性兜底**或固定收益效果。

12. 特别场景要点

12.1 跨境安排

- 境外主体或跨境并购：外汇登记、税务安排、数据与技术出口合规；

- 重大跨境资金流与知识产权转移纳入保留事项。

12.2 不动产与基础设施

- 监管账户与工程款支付审批链，租约管理与价税分离；

- 城市更新与存量改造的规划与消防合规。

12.3 数据中心与云服务

- 机房等级、网络与数据安全、服务等级协议、备份与灾备，出具合规与安全评估结论。

13. 退出前的规范化提升

- **治理**：完善章程与股东协议、董事会与股东会档案、股权确权与质押解除、对外担保与或有事项清理；

- **财税**：历次审计与纳税记录齐备，重点事项专项审计；

- **合规**：数据、环保与安监整改闭环，重大合同合法性与履约证明；

- **人员与激励**：核心团队稳定、股权激励与离职安排清晰；

- **资料**：形成"项目到位证明—法律财务底稿—经营数据—合规证照—重大事项决议"成套档案，匹配上市/并购尽调清单。

14. 风险预警与应急处置

- 预警类型：现金流紧张、重大客户/供应商流失、诉讼与被执行、生产安全或数据泄露、政策突变；

- 处置流程：预警上报→联合复盘→整改计划（含时点与责任人）→对投资者沟通与必要披露→跟踪复盘与问责。

15. 自查要点（简版）

- 是否明确治理参与的**权限边界**与保留事项清单；

- 投后报告是否**按时、同口径**报送并能追溯到底层凭证；

- 资金使用是否有**审批链与回单留痕**，是否存在资金占用；

- 关联交易是否执行**披露—回避—公允性证明**；

- 数据、环保与安监是否有**持续监测与整改闭环**；

- 多基金协同投资是否有**配比与定价规则**，档案是否齐备；

- 退出前规范化提升是否形成清单与进度台账。

16. 常见问答（精简版）

问 1：董事席位与观察员如何选择？

答：取决于持股比例与谈判能力。若无法获得董事席位，可通过观察员+保留事项+信息权组合确保实质监督。

问 2：能否直接要求被投企业停止某项经营决策？

答：仅当该事项触发保留事项或违反法律法规/合同约定时可介入；日常经营由管理层负责。

问 3：业绩承诺未达成如何处理？

答：按合同执行补偿或调整条款，同时审慎评估是否触发减值并进行信息披露，避免演变为固定收益承诺。

问 4：多只基金同一标的的轮次投资，价格不同会有问题吗？

答：需说明差异形成机制并留存第三方或市价比对证据，确保不存在利益输送与厚此薄彼。

第五编 退出、清算与分配

第1章 IPO、并购、股权转让、回购

本章目标：把四类主要退出路径的**决策条件—合规边界—操作流程—证据链—信息披露**讲清楚，形成"可执行、可审计、可追溯"的闭环。

1. 总则与适用范围

- 适用于股权与创业投资基金在境内以**首次公开发行并上市、并购交易、股权转让、回购**等方式实现退出的合规与操作；

- 原则：**审慎决策、程序完备、公允定价、风险揭示、同源一致、证据留痕；**

- 与本编后续"清算与税务结算""分配与业绩报酬提取"章节相互衔接。

2. 退出路径选择与前置评估

1) **战略匹配**：结合被投企业成长阶段、行业监管、业绩可持续性与治理规范化程度；

2) **合规门槛**：是否触发**重大事项报送**、经营者集中申报、特定行业审批、安全与数据合规、外资与跨境、国资程序；

3) **估值与公允**：估值方法与参数可复核，避免为达退出目的**操纵估值**或"明股实债"；

4) **时间与成本**：对申报、审核或交易审批的**时间轴与不成就安排**进行书面化评估；

5) **投资者沟通**：按基金合同约定征求投资者意见或履行表决，形成回执与会议纪要。

6) **税务前置核查**

– **对时点与价格的影响**：完成基础税负测算，评估对退出窗口与交易对价的影响（含股份对价的锁定与减持安排）。

– **是否需代扣代缴**：识别纳税义务人与扣缴环节，明确申报与完税路径，不以协议替代法定扣缴责任。

– **完税凭证与责任人**：由财务牵头出具并归档申报回执与完税凭证，与托管/监督对账一致。

3. IPO 退出

3.1 前置整改与规范

- **股权结构与控制权稳定**：清理代持、同股不同权、特殊表决权的合规性；

- **同业竞争与关联交易**：持续规范并披露；

- **业务与财务**：持续经营能力、独立性、关键指标真实性与可持续性；

- **信息与数据合规**：涉及重要数据或个人信息的企业，应评估信息披露与数据安全边界；

- **员工持股与激励**：权属清晰、行权条件与锁定安排合规。

3.2 申报与审核配合（要点）

- 辅导与申报材料准备、问询回复协助；

- 与**管理人披露口径、协会报送**及历史投后报告保持一致；

- 涉及国资、特许经营、外资等情形的专项说明与批复。

3.3 上市后的减持与资金回收

- 遵守限售期与减持规则（比例、窗口期、方式等），提前制定**减持计划与信息披露口径**；

- 选择减持方式（集中竞价、协议转让、大宗交易等）时，兼顾**价格公允与市场影响**；

- 资金回收：与托管或监督机构对账，按基金合同进行**分配与业**

绩报酬核算，在规定时限内披露并报送。

实践提示：注册制审核强调**"以信息披露为核心"**。基金层面所有历史披露与估值口径必须与发行文件**同源一致**，必要时先行更正。

4. 并购退出（出售给产业方或上市公司等）

4.1 交易模式

- 全部或部分股权转让、资产出售、吸收合并、现金加换股等；
- 买方可为产业方、上市公司或财务投资者。

4.2 审慎程序

- 事前披露并在基金层面完成必要表决；
- **公允性证明**：第三方评估、市价比对、公开竞价或多方报价；
- 涉及**经营者集中**或特定行业审批的，预留时间并设置不成就条款。

4.3 交易条款与交割

- 价款构成（现金、股份或组合）、价款调整与锁定安排、或有对价；
- 交割条件：审批或备案完成、债权债务处理、员工安置、工商变更与信息披露；
- 股份对价的，关注**锁定期、减持安排与信息披露**。

4.4 信息披露与税务

- 与买方披露口径对齐，避免前后不一致；
- 提前测算税负与票据开具路径，形成**税务方案与凭证清单**。

5. 股权转让退出（非并购情形）

5.1 合同与权利安排

- 优先购买权、共同出售权、随同出售权、强制随售等在股东协议中事前约定；
- 明确违约责任与价款调整机制（如基于净债务、营运资金的结算）。

5.2 定价与支付

- 参考**第三方评估、市价比对**与历史投入成本；
- 支付方式：一次性或分期，设立**质保金或托管**；
- 严禁以被投企业资金或隐蔽安排为受让方提供**变相融资**。

5.3 手续与报送

- 工商变更、股东名册更新、章程或合伙协议修订；
- 在协会系统完成状态与信息变更报送，向投资者披露；
- 税款清算与完税凭证留存。

6. 回购退出（触发与边界）

6.1 触发情形

- 约定事件或违约事件触发（未达业绩目标不应直接构成**固定收益或刚性兑付**）；
- 回购主体与责任明确（被投企业或特定股东）。

6.2 价格与资金来源

- 价格形成机制公允且可验证，避免与本金或固定收益挂钩；
- 资金来源合法合规，严禁**以被投企业资金直接或变相承担回购**形成财务资助。

6.3 程序与执行

- 事前披露与回避表决；
- 法律文件完备（回购协议、担保与抵押文件、付款进度与违约救济）；
- 付款对账与凭证留存，及时完成工商与报送。

7. 分配、结算与业绩报酬核算（与信息披露衔接）

- 退出回收款进入基金账户后，按合同**结清费用与税费**，计算**业绩报酬**与可分配金额；

96

- 形成**分配方案—投资者清单—分配指令—回执**的证据链，与托管或监督机构对账一致；
- 在**规定时限**内完成对投资者披露与协会报送，口径与时间保持一致；
- 对未能联系到的投资者，按合同与法律规定在专户保管并采取催告措施。

8. 重大事项报送与外部协同

- 对于退出方案及其重大变更，按**重大事项**标准履行内部审议并在协会系统报送；
- 与**托管、审计、评估、律师**等机构的意见与底稿一并归档；
- 涉及上市公司重大资产重组或信息披露的，与对方口径保持一致并同步时点。

9. 档案与证据链（示例）

- 决策与披露：会议纪要、表决结果、投资者通知与回执、协会报送回执；
- 交易与交割：协议、价款计算表、审批或备案文件、工商与登记材料、股权或资产交接清单；
- 公允性：评估报告、市价比对、询价或竞价记录、第三方意见；
- 税务与财务：发票、完税凭证、审计意见、分配与业绩报酬计算底稿；
- 对账与回单：银行流水、回单与对账单；
- 争议与救济：违约通知、律师函、调解仲裁或诉讼材料。

10. 高风险清单与防控

- 为达退出目的**虚增业绩或操纵估值**；
- 以对赌或回购安排变相形成**固定收益或刚性兑付**；
- 未履行**经营者集中**或其他行业审批、安全或数据合规；

- 使用被投企业资金或通道为交易对手提供**变相融资**;
- 披露与协会报送口径不一致、时间不匹配;
- 税务处理不当导致追补或争议;
- 关联方参与且未执行**披露—回避—公允性证明**。

11. 自查要点（简版）

- 退出路径是否进行书面化**前置评估**并履行内部表决;
- 是否完成**公允性证明**与第三方意见,资料可追溯;
- 是否按时在协会系统报送并与对外披露一致;
- 分配与业绩报酬核算是否有底稿、对账与回执;
- 是否完成工商、税务与档案归档的闭环;
- 是否对高风险事项设定**预警与应急预案**。

12. 常见问答（精简版）

问 1：申报上市未通过,能否迅速转为并购退出?

答：可以,但需评估申报材料中的敏感信息披露影响,与潜在买方约定保密与不成就条款,并完成基金层面表决与披露。

问 2：并购对价中含股份,基金何时可以变现?

答：受制于锁定期与减持规则,应提前在交易文件中约定**锁定期届满后的减持路径与信息披露安排**,并评估价格波动风险。

问 3：回购价款逾期怎么办?

答：按合同约定启动担保与违约救济,必要时申请保全;同时评估是否需要临时披露并在协会系统报送重大事项。

问 4：股权转让价格能否低于成本?

答：可以,但需给出充分的**商业与公允性说明**,同步评估减值与信息披露影响,并履行投资者沟通程序。

第 2 章 展期、清盘与清算报告

本章目标：把**"为何展期/何时清盘—谁来决议—如何操作—怎么披露—清算报告写什么"**讲清楚，形成可执行、可审计、可追溯的闭环。

1. 场景与触发

- **展期**：因市场环境、交易窗口、审批周期或重大事项（诉讼、并购重组、上市排队等）导致未能按合同期限完成退出，但具备**合理预期**与可操作路径。

- **清盘**：到期未展期、提前终止、合同约定情形触发（重大违约、目标无法实现等）、投资者会议或合伙人会议决议终止。

- **强制清算**：法律或监管要求、司法裁判、托管或监督机构依据合同触发的情形。

实践提示：在"是否展期"与"直接清盘"之间，先做**书面化的路径与成本比较**，并形成投资者沟通纪要与回执。

2. 展期决策与程序

2.1 立项评估

- 形成《展期可行性报告》：剩余标的清单、退出路径与时间轴、增量风险、费用预算与资金安排、投资者影响评估。

2.2 决策与表决

- 按基金合同或合伙协议的表决机制执行：出席与通过比例、回避规则、书面征集或会议表决方式。

- 载明展期**期限、目标、信息披露与阶段性评估机制**，必要时设置**展期止损条款**（如触发指标到期即转清盘）。

2.3 披露与报送

- 向持有人或合伙人披露展期方案与风险提示，保留送达与回执；

- 在协会系统完成相应变更或信息报送（以现行口径为准），与工商、公示信息保持一致；
- 与托管或监督机构更新监督事项与费用安排。

2.4 展期期间的管理

- 建立**季度或半年度里程碑**与投后专项跟踪；
- 费用、估值与分配遵循原合同及展期方案，差异须二次审议并披露；
- 触发**重大事项**（交易失败、核心团队变动、政策突变）时，及时启动替代退出或转清盘流程。

3. 清盘启动与组织

3.1 启动条件

- 合同到期且未获展期；
- 投资者会议或合伙人会议决议提前终止；
- 法律、监管或司法要求。

3.2 清算组织形式

- 依合同设立**清算组**（可由管理人主导并引入托管、审计、法律等第三方），明确**负责人—分工—权限**；
- 设立清算专用台账与邮箱，统一对外沟通口径。

3.3 清算公告与通知

- 按合同及现行规则，向投资者、合作方与相关利害关系人公告或送达清算事项；
- 与工商登记、公示信息、协会系统**同步**。

4. 清算实施（资产—负债—费用—分配）

4.1 资产处置

- 形成处置方案：优先处置**非核心**与**流动性较高**资产；
- 公允性要求：第三方评估/市价比对/询价与竞价记录；

- 对重大交易与关联交易，履行**披露—回避—公允性证明**程序。

4.2 债权债务核对

- 对外债务清单、或有负债、未决诉讼与仲裁；

- 对内往来核对：管理费、托管费、外包与服务费、未结税费与票据；

- 设定申报与异议期，保留回执与处理结论。

4.3 费用与留存

- 结清合理必要的清算费用与税费（具体税务处理在第六编细化）；

- 依法留存**潜在负债与争议的准备金**，明确金额与用途、保管与使用审批链。

4.4 现金与非现金分配

- 按合同与法律规定的**分配顺序**执行：费用与税费→投资者本金→收益分配→业绩报酬；

- 非现金分配需经表决同意，披露**估值与风险**，投资者签收确认；

- 所有分配均与托管或监督机构**对账一致**，留存回单与名册。

5. 资料归集与对外协同

- 与**托管/监督、审计、评估、律师**对接：形成审计报告、评估或比对文件、法律意见/说明；

- 银行账户：募集结算专户（如仍存续）、托管账户、运作账户的关闭与资金划转；

- 外部合同：解除、终止或移交，留存函证与对账资料。

6. 清算报告（结构与要点）

- **项目概况**：基金基本信息、存续期与重大事项概述；

- **清算依据与程序**：启动事由、组织架构、公告与通知、表决与披露；

- **资产处置与收益**：资产清单、处置方式、价格形成与公允性说明、现金回收情况；

- **债务与或有事项**：已清偿债务、留存准备金、未决争议的处理安排；

- **费用与税费**：各项费用与税费的计算与支付情况（税务口径引用第六编）；

- **分配情况**：分配顺序、金额、投资者名册与回执情况、未领取款项的专户保管安排；

- **风险事项与后续安排**：可能影响投资者权益的未决事项及其处置计划；

- **税款结清与凭证**：披露清算期税款测算与结清情况，列明准备金依据；附申报回执与完税凭证，并与托管/监督对账一致。

- **附件**：审计意见、评估/比对文件、法律意见/说明、对账单与回单、公告与报送回执、申报回执与完税凭证。

实践提示：清算报告**先内部审议、再对外披露与报送**，并与工商、公示与协会系统保持一致。

7. 注销/存续与档案封存

- **工商注销或存续（如需保留主体以处理未决事项）**：按实际路径办理并公告；

- **档案封存**：合同与变更、投资与处置底稿、估值与披露、资金与对账、审计与法律意见、清算报告与回执等；

- **保存期限与介质**：遵循**最长保存年限**原则，纸质与电子并行，确保**不可篡改与可检索**。

8. 特殊情形与处置

- **重大诉讼或被执行**：优先设置准备金，必要时延期分配；

- **境外/跨境要素**：外汇与跨境资金流、股权或知识产权转移按

第六编与相关规则办理；

- **政府平台或国资参与**：按授权链路报批与公开，形成专项说明；

- **未联系到的投资者**：专户保管并公告催告，按合同和法律规定
处理。

9. 高风险清单与防控

- 未经表决即展期或清盘；

- 处置价格不公允、缺乏第三方或市价比对；

- 留存准备金不足或使用不合规；

- 非现金分配未充分披露风险与估值依据；

- 披露与协会报送不一致、工商或公示信息不同步；

- 档案缺失、对账与回单不完整。

10. 自查要点（简版）

- 是否形成展期/清盘的**书面化评估与表决**材料；

- 披露、协会报送与工商/公示是否**同源一致**；

- 资产处置是否有**公允性证明**与关联回避；

- 费用与准备金是否合规，分配是否有**名册—指令—回执—对账**
证据链；

- 清算报告是否完备、是否留存外部机构意见；

- 注销/存续与档案封存是否完成闭环。

11. 常见问答（精简版）

问 1：展期需要每位投资者都同意吗？

答：按基金合同或合伙协议约定的表决机制执行，通常以**出席与通过
比例**为准，但应充分听取持不同意见投资者的诉求并妥善安排退出或
转让路径。

问 2：清盘中能否做"非现金分配"？

答：可在**充分披露**并经表决同意的前提下实施，需说明估值依据、流动性与后续管理安排。

问 3：准备金留存多少合适？

答：结合未决事项规模与概率、历史费用水平与剩余清算周期设定，并在清算报告中透明披露，定期复核剩余金额。

问 4：清算报告需要外部机构出具意见吗？

答：建议至少有**年度审计**或专项审计意见，重大资产处置建议附第三方评估或市价比对结论，以增强公允性与可审计性。

第3章 分配与业绩报酬提取

本章目标：把"**钱如何分、分给谁、按什么顺序、何时提成、如何对账与披露**"讲清楚，形成"方案—审批—执行—对账—披露—归档"的闭环。

1. 总则与适用范围

- 适用于基金在**退出回款、持有期现金回流、清盘期**发生的分配与管理人业绩报酬提取；
- 原则：**合同优先、公平对待、同源一致、证据留痕、审慎提取**；
- 与**第五编第1章**（退出路径）与**第2章**（展期/清盘）衔接执行，与**第二编第5章**（信息披露与档案保存）保持口径一致。

2. 分配前置条件与资料清单

2.1 必备条件

- 退出或回款**已实际到账**并与银行回单、托管/监督对账单一致；
- 相关**费用与税费预算**测算完毕（税务细化见第六编），留足准备金；
- **投资者名册**与银行账户、联系信息完成更新校验；
- 若为**阶段性分配**，符合基金合同约定的触发条件与频率；
- 涉及**关联交易或非现金分配**的，已完成必要的披露与同意程序。

2.2 资料清单（示例）

- 回款凭证：流水、回单、对账单；
- 分配基础：项目收益测算表、费用清单、准备金测算、可分配金额计算表；
- 决策与披露：分配方案、会议纪要/书面征集结果、投资者通知与回执；
- 执行与对账：分配指令、银行回执、差错更正记录；

- 报送与归档：协会报送回执、定期/临时披露文本、名册与签收。

3. 可分配金额与分配顺序（不含税务细节）

3.1 可分配金额（示意口径）

- 以基金层面**已实现现金回收**为基数，扣除：
  - 已到期或应计的管理费、托管/监督费、审计/法律等必要费用；
  - 依法应付（或预提）的相关税费与约定准备金；
  - 合同约定需优先留存的**运营/诉讼/未决事项**准备金。

3.2 分配顺序（示例）

1）支付合规费用与税费；

2）向投资者**返还本金**（按出资比例或合同约定口径）；

3）向投资者**分配收益**（按合同约定的优先/劣后或比例机制）；

4）满足**障碍收益率/优先回报**（如合同设置）；

5）计算并**提取业绩报酬**（见第4节）；

6）结余资金按约定继续分配或留存。

实践提示：将"损益核算—可分配金额—分配顺序—提成公式"做成一张对照表，作为披露与审计的锚点。

4. 业绩报酬提取（提成）

4.1 前置条件

- 已满足合同约定的**返还本金与优先回报/障碍收益率**（如有）；
- 采用基金层面**整体业绩**口径（"全基金水池"），避免以单项目早提，除非合同明确允许并设有**回拨（追索）机制**；
- 完成**外部审计或托管/监督复核**，并出具书面意见；
- 涉关联的回避程序与投资者信息披露已完成。

4.2 计算依据与核验

- 明确计算周期、基期与口径（是否采用**高水位**或**回拨**安排）；

- 计算表应列示：可分配金额、返本进度、优先回报/障碍收益率、提成比例、提成基数与提成额；

- 由合规/风控复核，托管/监督出具对账意见，必要时引入第三方审计。

4.3 支付与留痕

- 形成《业绩报酬提取审批表》与支付指令；

- 走独立账户与审批链，保留付款回单与对账；

- 在定期或临时披露中**专项披露**提取依据与金额，协会平台（如需）完成报送。

4.4 回拨与追索（如合同约定）

- 约定触发情形、金额测算、追索期限与程序；

- 提前设立**回拨准备金或保证安排**，避免"追不回"的执行风险。

5. 分配流程与时间轴

1）**方案拟定**：项目与资金测算→可分配金额与顺序→业绩报酬测算（如适用）；

2）**内部审批**：合规/风控/负责人签发；必要时召开投资者会议或书面征集；

3）**托管/监督对账**：余额与流水核对、支付清单确认；

4）**执行支付**：下达分配与提成指令→银行回单与差错处理；

5）**披露与报送**：向投资者披露并在协会平台报送相应信息；

6）**归档与复盘**：对账、回执与异常更正留痕，更新名册与台账。

6. 分配方式与特殊情形

6.1 现金分配（常规）

- 通过托管/监督账户或经审批的运作账户向投资者支付；

- 逐笔对账与回执留存，失败款项**专账管理**并持续催告。

6.2 非现金分配（特殊）

- 需经合同允许并获得**表决同意**；

- 披露**估值依据、流动性、后续管理成本与风险**；

- 办理权属或权益变更手续，形成**交割清单与签收回执**；

- 非现金分配后的**信息披露与协会报送**与现金分配一致。

6.3 阶段性/滚动分配

- 按合同设定频率与阈值执行，避免因早分配影响后续**费用/税费/准备金**充足性；

- 留存**分配前后资金预测与压力测试**底稿。

7. 投资者名册、送达与异常处理

- 名册要素：姓名/名称、证件、银行账户、联系方式、送达地址、份额与金额；

- 变更管理：投资者信息变更需书面确认与核验，更新名册与系统；

- 退汇与失败处理：专账保管→再次核验→二次支付→持续催告与留痕；

- 未联系到的投资者：按合同与法律规定在专户保管，并公告催告。

8. 同源一致与信息披露/报送

- **同源一致**：分配、提成数字与**银行对账、托管/监督对账、协会报送、对外披露**一致；

- **披露**：在定期或临时披露中列示分配与业绩报酬提取的**依据、口径与金额**，说明与上期口径差异；

- **报送**：在协会平台按要求完成信息填报与回执留存；

- **差错更正**：发现口径或金额差错，按第二编相关章节的**更正机制**办理，全渠道同步更正。

- **税款扣缴与票据台账**
  - 建立"批次号—扣缴额—申报回执—完税凭证—银行回单—寄送/回执信息" 一一对应台账；
  - 与对外披露、协会报送、托管/监督对账同源一致；差错按更正机制同步更正与披露。

9. 多基金协同与利益冲突防控

- 同一管理人旗下多只基金共同投资或共退的：
  ○ 事前明确**收益分摊与费用分摊**规则；
  ○ 分配与提成口径**一致或可说明**，避免厚此薄彼；
  ○ 重大差异需披露并经必要的投资者同意。

10. 证据链与档案归档

- **计算底稿**：可分配金额、分配顺序与提成测算表；
- **审批与披露**：会议纪要/征集结果、投资者通知与回执、披露文本；
- **执行凭证**：分配与提成支付指令、银行回单、托管/监督对账单；
- **报送回执**：协会平台回执与公示截图；
- **差错与回拨**：差错更正记录、回拨/追索执行证明；
- **保存年限**：不低于法律法规/自律规则要求的最长期限，电子与纸质并行。

11. 高风险清单（自查）

- **超额预分配**或未留足费用/准备金；
- **单项目早提**而无回拨安排；
- 关联关系未披露、提成未履行回避程序；
- 披露与协会报送不一致、时间不匹配；
- 非现金分配未充分披露估值与风险；

- 分配指令与到账回执不齐全、账实不符；

- 投资者名册过期、退汇处理不合规。

12. 常见问答（精简版）

问1：可以在基金清盘前就提取业绩报酬吗？

答：仅当合同明确允许且满足返本/优先回报等前置条件，并设有**回拨/追索机制**与审计或托管复核的情况下，方可谨慎执行。

问2：阶段性分配是否必须每次都召开投资者会议？

答：依合同而定。多数情况下经**书面征集**或既定决策机制即可，但涉及非现金分配、重大口径调整等应从严走表决程序。

问3：分配后发现金额有误，如何更正？

答：立即启动更正机制：暂停后续支付→更正说明→补差或追偿→全渠道同步披露与报送→留存证据与问责整改。

问4：投资者更换银行账户未及时告知导致退汇，管理人是否需要承担责任？

答：管理人应证明已**合理尽到送达与催告义务**、分配资金已在专账保管并随时可领取，一般不承担违约责任，但需继续协助完成支付与记录留痕。

附录一：全流程作业清单与模板

A. 统一编号与归档规则（建议）

- **编号格式**：[基金简称]-[阶段代码]-[文种代码]-[序号]-[版本]

  o 阶段代码：01 登记、02 募集、03 投资、04 投后、05 披露、06 变更、07 系统外包、08 退出、09 清算、10 分配；

  o 文种代码：JY 纪要、PL 披露、BS 报送、HT 合同、PG 评估、SJ 审计、DZ 对账、HZ 回执、ZD 制度、QT 其他；

  o 序号：三位数顺排（001…）；版本：V01、V02…；

- **归档要素**：目录—编号—密级—责任人—生效日—保存年限—位置（电子/纸质）—关联项目/基金；

- **同源一致**：披露文本、协会报送回执、托管/监督对账、（如有）税务凭证须一致；变更按更正机制**全渠道同步**并留痕。

B. 生命周期作业清单（可打勾）

B1. 管理人登记与制度准备

☐ 登记信息、实缴资本、股东穿透、最终受益人核验齐备；

☐ 高管、从业人员资质与任职文件在案；

☐ 制度：募资合规、适当性、投资决策、关联回避、估值与减值、信息披露、重大事项变更、档案保存、信息系统与外包；

☐ 账户体系：募集结算专用账户、托管/监督账户、运作账户；

☐ 年度自查与培训记录归档。

B2. 募集准备与适当性

☐ 投资者识别与适当性核验（机构/个人/产品型）；

□ 募集文本一致性审查：合同、募集说明文件、推介材料、问答集；

□ 宣传禁区自查（不承诺保本保收益、不得公开传播、不得误导）；

□ 渠道管理：受托募集协议、脚本与回访留痕；

□ 信息报送与备案回执保存。

B3. 资金监管与托管/监督对接

□ 账户开立与白名单打款；

□ 到账对账、回单与名册校验；

□ 未设托管情形下的替代保障措施落实（双签、回单留痕、独立对账、外部审计抽核）。

B4. 投资立项与尽职调查（通用）

□ 业务、财务、法律、税务（极简对接）、合规（行业准入/安全/数据/外资）；

□ 关联关系识别与回避建议；

□ 风险清单与整改计划；

□ 估值方法与关键参数初评，重估触发条件记录。

B5. 决策与交易落地

□ 投委会/合伙人会议纪要与回避记录；

□ 交易文件一致性审查（投资协议、股东协议、监督/托管协议）；

□ 交割前提清单达成：权属、审批/备案、债务处理、税费测算（极简）；

□ 资金指令、回单与对账留痕。

B6. 投后管理与治理参与

□ 董事席位/观察员安排、保留事项清单；

□ 月/季/年报送口径与时点；

□ 预算与重大支出审批、资金占用监测；

□ 关联交易披露—回避—公允性证明；

□ 环保/安监/数据合规持续体检。

B7. 信息披露与重大事项变更

□ 定期报告要素齐全并与底层凭证对齐；

□ 临时披露触发器与审批链；

□ 协会报送回执与对外公示同步；

□ 估值与减值：方法与参数变更、第三方评估底稿、托管复核对账。

B8. 信息系统与外包（管理人层面）

□ 数据分级分类与权限矩阵；

□ 变更管理与版本留痕、回滚方案；

□ 接口白名单、加密与日志；

□ 外包边界、尽调评分、服务协议安全条款、监督与退出；

□ 备份与灾备演练报告（季度）。

B9. 退出路径与执行

□ 退出方案前置评估（时点/价格、审批/审查、信息披露一致）；

□ 并购/上市/转让/回购专项要点落实；

□ 公允性证明与第三方意见；

□ 交割与回款、对账与回单；

□ 重大事项报送与投资者沟通留痕。

B10. 展期、清盘与清算

□ 展期可行性报告、表决与披露；

□ 清算组设立、公告与通知；

　　□ 资产处置、公允性、债权债务核对；

　　□ 准备金设置、分配顺序与非现金分配审批；

　　□ 清算报告（附审计/评估/法律意见）。

B11. 分配与业绩报酬提取

　　□ 可分配金额计算与准备金充足；

　　□ 返本—收益—优先回报—提成顺序；

　　□ 提成前置条件与回拨机制（如约定）；

　　□ 分配指令、银行回单、托管/监督对账；

　　□ 披露、报送与台账（批次号—金额—回执—凭证）。

C. 示范模板（可直接复制）

说明：模板为"骨架"，实际口径以合同与现行规则为准。所有模板保留【示例文字】与〔可选〕项，请按实际删改。

C1. 投资决策会议纪要（模板）

文档编号：—— 版本：—— 密级：——

会议名称：——（投资决策/临时会议）

会议时间：—— 地点/形式：——

出席人员：——（含回避人员标注）

列席人员：——

议题：项目《——》投资/增资/并购/退出等

一、项目概况与核心条款（简明列示）

二、尽职调查要点与主要风险（含整改计划）

三、关联关系与回避情况（如有）

四、估值方法与关键参数、重估触发记录

五、审议结论与表决结果：同意/不同意/附条件同意（条件列明）

六、后续事项：文件签署、交割前提、披露与报送、责任人与时点

附件：材料清单

签发：——复核：——记录与存档：——（日期）

C2. 关联交易披露与回避决议（模板）

文档编号：——　　　　　版本：——

关联方：——关联关系：——　交易类型：——

披露事项：交易背景、定价依据（第三方评估/市价比对/竞价记录）、合同要点

回避与表决：关联人员名单、回避方式、非关联成员表决结果

合规意见：——（合规/风控/法律）

信息报送：协会/对外披露是否已完成（回执号：——）

签发：——　　日期：——

C3. 重大事项临时披露通知（投资者）（模板）

标题：关于【事项】的临时披露通知

致【投资者称谓】：

一、事件概述（事实与时间线）

二、对基金的影响（净值、现金流、时点变化）

三、风险提示与应对安排

四、后续计划与预计时点

附件：问答与联系方式

送达方式与回执：邮件/系统/书面；回执收集人：——

C4. 协会报送资料目录（模板）

一、基本信息：产品/管理人/托管信息

二、信息披露：定期/临时披露文本与日期

三、重大事项：变更/处罚/诉讼等

四、托管或监督：对账与意见

五、其他：——

报送回执号：——　报送日期：——

C5. 分配方案与支付指令（模板）

分配批次号：——　生成日期：——

分配依据：退出/回款说明（附回单与对账单）

可分配金额计算：费用—准备金—税费（极简）

分配顺序与金额：返本—收益—优先回报—提成（如有）

投资者清单：姓名/名称—身份证明—银行账户—分配金额—送达方式

审批：起草—复核—签发　托管/监督确认：——

执行：支付日期—银行回单编号

　　　差错更正记录：——

披露与报送：文本名称—日期—回执号

C6. 业绩报酬提取审批表（模板）

提取依据：返本与优先回报达成情况、计算口径（全基金/项目）、提成比例

计算表：提成基数—比例—金额（附测算底稿）

合规/风控复核意见：——

托管/监督对账意见：——

是否涉及关联回避：是/否（说明）

支付指令与回单：——

披露/报送：文本与回执号：——

C7. 回拨/追索通知与执行记录（模板）

触发事由：——（回拨条款编号）

回拨金额与计算依据：——

通知对象与送达方式：——（附回执）

执行进度：已回拨/在途/未完成（原因）

法律与合规措施：——

C8. 非现金分配交割清单与签收表（模板）

分配标的：——（权属/数量/估值依据）

交割文件：权属转移/登记材料/合同/发票/回执

签收与确认：投资者签名/盖章、日期

风险揭示与后续管理安排：——

C9. 清算报告目录与正文骨架（模板）

封面要素：基金名称、清算起止日期、清算组名单、版本号

目录：

1. 基本情况与重大事项概述

2. 清算依据与程序（公告、通知、表决、披露与报送）

3. 资产处置与收益（含公允性说明）

4. 债权债务核对与或有事项

5. 费用与准备金

6. 分配方案与执行情况（含非现金分配）

7. 风险事项与后续安排

附件：审计意见、评估/比对文件、法律意见、对账与回执

C10. 外包尽职调查评分表（模板）

对象：——　服务范围：——　评估日期：——

评分维度：资质合规、人员与稳定性、数据与安全、服务能力、过往事故、价格与条款、退出能力

评分与结论：——需整改项：——

复评日期：——

C11. 对外数据导出审批单（模板）

申请人/部门：——　目的：——

数据范围与字段：——

保密级别：——　接收方与保存期限：——

审批：信息安全—合规—负责人　导出方式：加密/脱敏/接口

日志编号：——　回收/销毁证明：——

C12. 档案目录与一案一号（模板）

项目/案件编号：——　基金：——　密级：——

目录：

A 立项与尽调；B 决策与交易；C 资金与对账；D 投后与治理；

E 披露与报送；F 估值与评估；G 重大事项；H 退出与清算；I 分配

与提成；J 系统与外包；K 其他

位置（电子/纸质）：——　借阅记录：——　保存年限：——

D. 勾稽总表：披露—报送—对账一致性矩阵（模板）

批次/事项	披露文本与日期	协会报送回执	托管/监督对账	银行回单	税务凭证	责任人	版本
示例：2025-01分配	《分配公告》2025-02-05	回执号：——	对账单号：——	回单号：——	完税凭证号：——	张三	V01

使用方法：每次披露/报送/支付完成后同步填入，确保**一事一表**、可全链路追溯。

E. 常见错误与纠偏流程（极简）

- 披露与报送数字不一致 → 立即冻结旧版本 → 复核与更正 → 全渠道同步 → 留痕与问责；

- 资料留痕缺失 → 立刻补录底稿与回执 → 建立缺口台账与复盘计划；

- 非现金分配/关联交易公允性不足 → 追加第三方评估或竞价记录 → 重披露并取得同意；

118

- 多基金同标的厚此薄彼 → 统一配比规则与定价原则 → 书面说明并经必要同意；

- 系统与外包留痕不足 → 立即启用审批单与日志 → 组织渗透测试/外部复核。

F. 合规指标看板（模板）

用途：把"是否做到位"量化呈现，作为放行、复盘与问责的共同依据。建议**月度更新、季度复盘**，纳入绩效。

F1. 指标清单与口径（可按需删减）

- **披露与报送准时率**＝按期完成批次数/应完成批次数×100%。口径：以回执号与披露发布日期为准。

- **差错发现→更正周期（中位数）**＝从发现到全渠道同步更正所用自然日（按批次取中位数）。

- **估值触发响应时效**＝触发至完成评估与托管复核的小时数（按项目取中位数）。

- **权限变更合规率**＝具审批与回滚留痕的权限变更数/全部权限变更数×100%。

- **对账不一致事件数**＝本期披露/报送/托管对账数字不一致的事件数（按批次计）。

- **非计划性信息更正次数**＝本期因口径/差错引发的更正公告次数。

- **放行清单达标率**＝四类节点达标放行数/全部申请放行数×100%。

- **证据链完备率**＝抽样批次中，具"名册—指令—回单—对账—回执"五件套的比例。

- **一致性矩阵覆盖率**＝本期应登记事项在矩阵中完成登记的比例。

- **灾备演练完成率**＝计划演练项按期完成的比例。

119

- **外包合规评分（均分）**＝近 12 月外包尽调评分平均分（C10 模板）。

- **投资者投诉率**＝有效投诉件数/在管基金数（或管理规模）按期口径。

最低建议：保留前六项为"基础 KPI"，其余根据机构体量与侧重点选用。

F2. 看板结构（示例表头）

指标	定义/口径	目标值	预警阈值	当期值	环比	责任人	证据编号（回执/对账/工单）	纠偏动作与期限
披露与报送准时率	按F1	≥98%	＜95%					
差错→更正周期（天，中位）	按F1	≤3	＞5					
估值触发响应时效（小时，中位）	按F1	≤48	＞72					
权限变更合规率	按F1	100%	＜98%					
对账不一致事件数（件）	按F1	0	≥1					
非计划性信息更正次数（次）	按F1	0	≥1					
放行清单达标率	按F1	100%	＜98%					
证据链完备率（抽样%）	按F1	≥98%	＜95%					
一致性矩阵覆盖率	按F1	100%	＜98%					
灾备演练完成率	按F1	100%	＜100%					
外包合规评分（分）	按F1	≥85	＜75					
投资者投诉率	按F1	0	≥1/期					

建议以**绿/黄/红**三色显示：达目标为绿，介于目标与预警为黄，低于预警为红。

F3. 口径与数据源对齐

- **披露/报送**：来自披露文本与协会回执（附回执号）。

- **托管/监督**：来自托管/监督对账单（附对账编号）。

- **系统工单**：来自权限变更与上线工单（附工单号与日志）。

- **估值与评估**：来自第三方评估报告与托管复核（附编号）。

- **外包评分**：来自 C10 模板及外包台账。

F4. 周期与治理

- **更新频率**：月度更新、季度复盘；遇重大事项可临时更新。

- **会议接口**：合规委员会"对齐会"固定审阅；红灯项须同步"放行会"。

- **问责与激励**：黄灯项明确纠偏动作与期限；红灯项纳入绩效扣分与问责；连续三期绿灯可予以正向激励。

使用方法：将本节表格复制为机构内部看板，配合 D 章"一致性矩阵"与 B 章"生命周期清单"使用；每项指标后必须能指向可检索的**编号凭证**。

附录二：

参考法规、规范、自律规则（2025版）

更新基准：截至 2025 年 9 月

一、法律

- 《中华人民共和国证券投资基金法》（2015 年修正）
- 《中华人民共和国证券法》（2019 年修订，2020 年 3 月 1 日起施行）
- 《中华人民共和国公司法》（2023 年修订，2024 年 7 月 1 日起施行）
- 《中华人民共和国合伙企业法》（现行有效，最新修订以全国人大公布为准）

二、行政法规

- 《私募投资基金监督管理条例》（国务院令第 762 号，2023 年 9 月 1 日起施行）

三、部门规章与规范性文件（中国证监会等）

- 《私募投资基金监督管理暂行办法》（中国证监会，2014 年发布，现行条款与新《条例》配套适用）
- 《证券期货投资者适当性管理办法》（中国证监会，2017 年 7 月 1 日起施行）
- 《首次公开发行股票注册管理办法》（中国证监会令第 205 号，2023 年 2 月 17 日公布）
- 《北京证券交易所上市公司证券发行注册管理办法》（中国证监会令第 211 号，2023 年 2 月 17 日公布）
- 《上市公司重大资产重组管理办法》（中国证监会令第 214 号，2023 年 2 月 17 日公布；2025 年 5 月修订）

- 《非上市公众公司信息披露管理办法》（中国证监会，现行有效）

- 《证券投资基金托管业务管理办法》（中国证监会，现行有效）

提示：涉及退出（IPO/并购/重组）的条目，请与交易所、自律组织的配套规则一并适用。

四、自律规则（中国证券投资基金业协会）

- 《私募投资基金管理人登记和基金备案办法（试行）》（2014 年）

- 《私募基金管理人登记指引第 1 号——基本经营要求》（2023 年）

- 《私募基金管理人登记指引第 2 号——股东、合伙人、实际控制人》（2023 年）

- 《私募基金管理人登记指引第 3 号——法定代表人、高级管理人员、执行事务合伙人或其委派代表》（2023 年）

- 《私募投资基金备案指引第 1 号——私募证券投资基金》（2023 年 9 月）

- 《私募投资基金备案指引第 2 号——私募股权、创业投资基金》（2023 年 9 月）

- 《私募投资基金信息披露管理办法》（2019 年）

- 《私募证券投资基金运作指引》（2024 年）

- 《私募投资基金募集行为管理办法》（2016 年）

五、交易所、全国股转及北交所规则（与退出、信息披露相关）

- 《北京证券交易所股票上市规则（试行）》及后续修订（请以最新版本为准）

- 《北京证券交易所投资者适当性管理办法（试行）》
- 《全国中小企业股份转让系统业务规则（试行）》及配套细则（含《分层管理办法》《股票转让细则》等）
- 《非上市公众公司信息披露管理办法》（与全国股转、新三板有关）

六、托管/监督与相关行业规范（按适用选择）

- 《证券投资基金托管业务管理办法》（见第三部分）
- 银行业托管及信息科技相关指引（如《商业银行资产托管业务指引》《信息科技外包风险管理指引》—如涉及）

【免责声明】

1. 本书为合规操作参考资料，不构成任何投资、法律、审计、税务或其他专业意见。

2. 本书不提供具体税法口径或税率指引；涉及税务事项，以财务部门与税务顾问意见、主管机关的最新要求为准。

3. 监管规则与自律口径可能随时调整；请以最新法律法规、自律规则与监管发布的信息为准。必要时请向相关机构咨询。

4. 除非特别说明，本书以中国大陆现行规则为基础。因使用本书而产生的任何直接或间接损失，作者与出版社不承担责任。

5. 本书引用或参考的公开资料已尽力注明来源；如涉及权利主张，请与作者联系更正。